语言、翻译与认知

STUDIES IN LANGUAGE, TRANSLATION & COGNITION

第二辑

外语教学与研究出版社
FOREIGN LANGUAGE TEACHING AND RESEARCH PRESS
北京 BEIJING

图书在版编目（CIP）数据

语言、翻译与认知. 第二辑 / 文旭主编. —— 北京：外语教学与研究出版社，2021.12（2022.9 重印）
ISBN 978-7-5213-3282-7

Ⅰ. ①语… Ⅱ. ①文… Ⅲ. ①认知语言学-文集 Ⅳ. ①H0-06

中国版本图书馆 CIP 数据核字（2021）第 279928 号

出版人　　王　芳
责任编辑　　解碧琰
责任校对　　毕　争
助理编辑　　赵　倩
封面设计　　彩奇风
出版发行　　外语教学与研究出版社
社　　址　　北京市西三环北路 19 号（100089）
网　　址　　http://www.fltrp.com
印　　刷　　北京天泽润科贸有限公司
开　　本　　787×1092　1/16
印　　张　　9.25
版　　次　　2022 年 1 月第 1 版　2022 年 9 月第 2 次印刷
书　　号　　ISBN 978-7-5213-3282-7
定　　价　　49.00 元

购书咨询：（010）88819926　电子邮箱：club@fltrp.com
外研书店：https://waiyants.tmall.com
凡印刷、装订质量问题，请联系我社印制部
联系电话：（010）61207896　电子邮箱：zhijian@fltrp.com
凡侵权、盗版书籍线索，请联系我社法律事务部
举报电话：（010）88817519　电子邮箱：banquan@fltrp.com
物料号：332820001

《语言、翻译与认知》第二辑

(2021年10月)

目　　录

·认知语言学研究·

英汉语抽象空间位移关系构式认知对比研究 ················ 张克定（ 1 ）
领属关系的语义表达与话题领属句 ······················ 成　军（ 18 ）
中国手语放置动词认知研究 ···················· 李　恒　吴　铃（ 35 ）
汉语数量短语漂移现象研究：回顾与展望 ·················· 邢晓宇（ 45 ）

·语言与文化实证研究·

西方文化的"自我中心"语用研究——基于英语第一人称代词
　　的实证考察 ·································· 刘国辉（ 54 ）
词汇搭配类型对高中生阅读成绩影响的实证研究 ············· 鲍　珍（ 67 ）

·认知翻译学研究·

认知翻译加工模式：并行还是串行？ ·············· 林晓敏　项　霞（ 79 ）
中药名的体认性及其英译原则 ·························· 尹铂淳（ 96 ）
演讲翻译中的趋近化识解：以王毅在第56届慕尼黑安全会议上
　　的演讲为例 ································· 曹建敏（104）

·翻译跨学科研究·

民谣《击壤歌》及其译本的经验纯理功能对比研究 ············ 程华明（116）

·书评·

认知语言学发展的交叉与融合——《劳特里奇认知语言学
　　手册》述评 ·································· 梁如娥（124）

英文摘要 ··· （135）
征稿启事 ··· （139）

版权声明：

本刊已被《中国学术期刊网络出版总库》及CNKI系列数据库全文收录，如作者不同意被收录，请在来稿时向本刊声明，本刊将作适当处理。文章版权所有，欢迎转载、评论、翻译、引用，但须注明。

STUDIES IN LANGUAGE, TRANSLATION & COGNITION

October 2021

CONTENTS

· **Cognitive Linguistic Studies** ·

Spatial relation construction of abstract motion in English and
  Chinese: A cognitive-contrastive approach .... *Zhang Keding* (1)
Semantic expression of possession and topic-possession
  construction in Chinese .... *Cheng Jun* (18)
A cognitive study on "Put" verbs in Chinese Sign Language
  .... *Li Heng & Wu Ling* (35)
Studies on the shifting of Chinese numeral-classifier phrases:
  Retrospect and prospect .... *Xing Xiaoyu* (45)

· **Empirical Studies on Language and Culture** ·

A pragmatic study of "self-centeredness" in Western culture: Based on the survey of
  first-person pronouns in English .... *Liu Guohui* (54)
An empirical study of the influence of English collocation type on high school
  students' reading proficiency .... *Bao Zhen* (67)

· **Cognitive Translation Studies** ·

Cognitive processing models of translation: Parallel or serial?
  .... *Lin Xiaomin & Xiang Xia* (79)
The embodied cognitivity of Chinese medicine names and their English translation
  principles .... *Yin Bochun* (96)
Proximization construal in speech translation: A case study of Chinese Foreign
  Minister's speech at the 56th Munich Security Conference .... *Cao Jianmin* (104)

· **Interdisciplinary Research on Translation** ·

A comparative study of the ballad "Song of Throwing Clods" and its English
  versions from the perspective of experiential metafunction
  .... *Cheng Huaming* (116)

· **Book Review** ·

Intersection and integration in the development of cognitive linguistics: A review of
  The Routledge Handbook of Cognitive Linguistics .... *Liang Ru'e* (124)

English Abstracts .... (135)
Call for Papers .... (139)

英汉语抽象空间位移关系构式认知对比研究*

河南大学　张克定

提要：位移事件是指位移体在一定的时空框架中，以参照实体为衬托，沿着一定的路径，从起点移动到终点的运动过程。位移体是抽象实体的位移事件可称为抽象位移事件。抽象位移事件得以形成的认知理据是抽象实体的具体化和可动化机制，该机制具有单向性、局部性和隐含性特征。用来编码抽象位移事件的语言表达式是抽象空间位移关系构式。在英语和汉语中，这种构式均包括施事、谓词和处所三个必备成分，缺一不可，这是英语和汉语的相同之处。英语和汉语采用不同的方式来编码抽象位移事件中的路径，从而形成对谓词和处所这两个成分不同的编码方式，这是英语和汉语的相异之处。

关键词：抽象空间位移关系构式；抽象位移事件；认知机制；限制条件；认知对比

1. 引言

自认知语言学诞生以来，位移事件及其语言表征一直是学界关注和探究的热点之一。通常来说，位移事件至少涉及两个实体：1）发生移动的实体，即位移体；2）衬托位移体移动的实体，即参照实体。根据位移体是否具有可动性，位移体为可动实体的位移事件为现实位移事件（factual motion event），位移体为不可动实体的位移事件为非现实位移事件（non-factual motion event）。在非现实位移事件中，位移体可以是不可动具体实体，也可以是不可动抽象实体，前者通常称为虚构位移事件（fictive motion event），后者通常称为抽象位移事件（abstract motion event）。学界已有很多针对虚构位移事件及其语言

---

* 本文系国家社科基金项目"隐喻性空间关系构式的认知研究"（项目编号：16BYY005）的部分成果。

表征的研究，如 Talmy（1996，2000）、Matlock（2004a，2004b）、Matlock & Bergmann（2015）、李雪（2009）、钟书能（2012）、张克定（2018，2019）等，而针对抽象位移事件及其语言表征的研究还比较少见。我们认为，探讨抽象位移事件及其语言表征既有理论意义，又有实践价值；既可以揭示抽象位移事件的认知本质，又可以发现不同语言在表征抽象位移事件的过程中表现出的异同。基于此，本文拟以认知语言学理论为指导，主要探讨如下三个问题：1）抽象位移事件及其特性是什么？2）抽象位移事件形成的认知机制及其限制条件是什么？3）英语和汉语是如何编码抽象位移事件的？有什么相同之处和相异之处？

2. 位移事件和抽象位移事件

认知语言学界对位移事件的关注和研究肇始于美国语言学家 Leonard Talmy。Talmy（1985，1991，2000，2007）将含有运动或位移，持续处于某处的情景称为位移事件（**Motion** event）。Talmy 对位移事件的研究引起了认知语言学界的广泛关注，并引发了探讨位移事件的热潮。有不少学者直接沿用 Talmy 的观点，如严辰松（1998）、邵志洪（2006），王义娜、张晓燕（2007），史文磊（2012，2014），Gennari et al.（2002），Bohnemeyer et al.（2007），Beavers et al.（2010），Vulchanova & van der Zee（2012），Batoréo & Ferrari（2016）等。也有一些学者在 Talmy 观点的基础上，对位移事件进行了深入的再思考，提出了自己的观点，如 Chu（2004）、Radden & Dirven（2007）、Filipović（2007）、Filipović & Ibarretxe-Antuñano（2015）、范立珂（2015，2016）、Gaby & Sweetser（2017）、Lin（2015，2019）等。

Chu（2004）认为，位移事件可理解为一个物体在一定时间内沿着一定的空间跨度相对于另一个/些物体连续从一个位置移动到另一个位置。Radden & Dirven（2007：278）从位移图式的角度指出，"位移事件具有方向性，通常会激活'起点—路径—终点'意象图式（SOURCE-PATH-GOAL image schema），即物体或人从起点出发沿着路径到达终点的意象图式"。Filipović（2007：315）和 Filipović & Ibarretxe-Antuñano（2015：528）认为，"位移事件是发生在一定时空场域中的一种事件，要对位移事件进行分类和描述，就必须涉及空间特征和时间特征，据此，位移事件就可定义为这样一种位置变化：一个处于某一位置的实体在时点 A 开始移动，在时点 B 结束于另一个位置"。Gaby & Sweetser（2017：635）认为，"每一个位移事件都涉及位置变化与时间推移，如一列火车在时点 α 时处于位置 α，继而在时点 β 移动到了位置 β"。范立珂（2015：2，2016：130）认为，位移是"事物处所的空间位置发生的相对改变",位移事件是"位移动体从起点开始到终点结束的一次位移运动"。Lin(2015,2019)把位移事件视为一个物体相对于另一个物体而移动并改变位置的事件。基于上述观点,张克定(2019)认为,位移事件是一种具有时空性、参照性和方向性的位移图式。这种位移图式的时空性在于,一个实体的移动总是发生在一定的时间和空间之中;其参照性在于,一个实体的位置变化总是以另一个(或几个)实体为参照而发生;其方向性在于,一个实体的位置变化总是从起点开始沿着一定的路径移动到终点,而不能相反。据此,位移事件就可定义为一个实体在一定的时间和空间中以另一实体为参照,从起点开始移动到终点的位置变化过程。任何位移事件都要涉及至少两个实体,一个是位置发生变化的位移体,另一个是衬托位移体位置变化的参照实体。位移体在移动前所处的位置为起点,在移动后到达的位置为终点,从起点移动到终点经过的线性轨迹为路径,移动过程占用的时间和空间为时空框架。据此,位移事件就可再定义为位移体在一定的时空框架中,以参照实体为衬托,沿着一定的路径,从起点移动到终点的运动过程(张克定2019)。

由此可见,凡是位移事件,都至少涉及两个实体,一个是位移体,另一个是参照实体,也就是说,位移体和参照实体是位移事件中两个必备的实体。众所周知,世界上既有具体实体,也有抽象实体。有些具体实体本身是可动的,而有些则是不可动的。抽象实体通常不具备可动性或空间性特征,但在一定条件下,会被认知主体赋予一定的可动性。因此,在位移事件中,如果位移体为可动的具体实体,并在时空框架中相对于参照实体发生了实际的位置变化,这样的位移事件就属于现实位移事件;如果位移体为抽象实体,由认知主体依据自身对客观事物的感知和体验,运用认知想象能力将抽象实体构想为可动实体,使其在心理上发生相对于参照实体的位置变化,那么,这样的位移事件就属于抽象位移事件(张克定2020)。例如[1]:

(1) Kristin walked into Joey's Café.
(2) 唐雪儿一路尖叫大吼跑出美术馆大门。
(3) The second view comes from the other GOP panel member, Peter Wallison of the American Enterprise Institute.
(4) 这个不幸的消息从各种渠道传到了上海。

例(1)和例(2)描述的均为现实位移事件。在例(1)这一英语构式中,Kristin 和 Joey's Café 所指的实体均为具体实体,前者所指的具体实体为位移体,后者所指的具体实体为参照实体,位移体 Kristin 以参照实体 Joey's Café 为终点发生了实际的空间位置变化。在例(2)这一汉语构式中,"唐雪儿"和"美术馆大门"所指的实体也都是具体实体,前者所指的具体实体为位移体,后者所指的具体实体为参照实体，位移体"唐雪儿"以参照实体"美术馆大门"为起点发生了实际的空间位移。例（3）和例（4）描述的都是抽象位移事件。在例（3）这一英语构式中，the second view 所指的抽象实体为位移体，以 the other GOP panel member 所指的人这一具体实体为参照实体发生了心理上的空间位移。在例（4）这一汉语构式中，"这个不幸的消息"所指的抽象实体为位移体，以"上海"所指的地方这一具体实体为参照实体发生了心理上的空间位移。由此可见，现实位移事件中的位移体和参照实体均为具体实体，而抽象位移事件中的参照实体为具体实体，位移体则是抽象实体。那么，本无可动性特征的抽象实体为什么会发生心理上的空间位移呢？下文就这一问题进行探讨。

3. 抽象位移事件形成的认知机制及其限制条件

抽象位移事件是某一抽象实体以某一具体实体为参照，在心理上发生空间位置变化的位移事件。众所周知，抽象实体本身并不具备具体性和可动性，因此，抽象位移事件的形成要取决于认知主体的感知、体验和识解，是人之所为，是惟人参之的结果。具体来讲，抽象位移事件是认知主体依据自身对物质实体发生位移的感知和体验，运用认知想象能力将抽象实体构想为可动的实体，通过能动的认知加工使抽象实体在心理上发生相对于参照实体的位置变化的一种位移事件（张克定 2020）。这就说明，人之所为的抽象位移事件，取决于认知主体的感知、想象和识解等认知能力，取决于赋予抽象实体以具体性和可动性的认知机制。我们把这一机制称作抽象实体的具体化和可动化机制（concreteness & movability mechanism of abstract entity），即认知主体依据对可动具体实体的感知、体验和认知加工，把可动具体实体的具体性和可动性投射到抽象实体之上的认知机制，如图 1 所示。

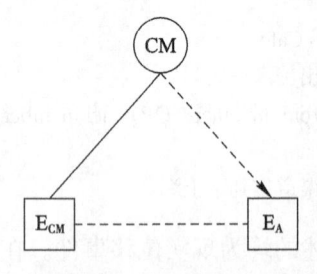

图 1　抽象实体的具体化和可动化机制

在图 1 中，两个方形分别代表可动具体实体（movable concrete entity, E_{CM}）和抽象实体（abstract entity, E_A），圆形代表可动具体实体具有的具体性

（concreteness，C）和可动性（movability，M）特征。实线表示具体性和可动性是可动具体实体的固有特征。虚线表示抽象实体具有抽象性（abstractness，A），但不具备具体性和可动性，因此，可动具体实体和抽象实体是两类性质不同的实体，通常没有必然联系。但是，当认知主体把抽象实体构想为可以发生位移的实体时，就会运用图1所示的认知机制将可动具体实体的具体性和可动性特征赋予抽象实体，如虚线箭头所示，从而使抽象实体得以发生心理上的空间位移。

在图1所示的认知机制中，具体化是认知主体依据对具体实体的感知和体验，将具体实体的具体性赋予抽象实体的过程；可动化是认知主体依据对可动实体的感知和体验，把可动实体的可动性赋予抽象实体的过程。总之，具体化和可动化就是认知主体把可动具体实体的具体性和可动性投射到抽象实体上的过程。正是在这一具体化和可动化过程的作用下，抽象实体才获得了具体性和可动性，才能在参照实体的衬托下发生心理上的空间位置变化。例如：

（5）The idea came from her friend, a bookstore owner and publisher, Lesley McKay.
（6）消息传进刚从边防巡诊回院的阎鸿法耳朵。

例（5）和例（6）描述的均为抽象位移事件。在这两个例子中，the idea 和"消息"所指的实体均为不具备具体性和可动性的抽象实体，却被描述为发生了空间位移的实体，这是因为认知主体依据对现实位移事件的感知和体验，运用抽象实体的具体化和可动化机制将可动具体实体的具体性和可动性特征投射到 the idea 和"消息"所指的抽象实体上，从而使其具有了具体性和可动性。在例（5）和例（6）中，位移体 the idea 和"消息"分别以 her friend 和"……耳朵"为参照实体，发生了心理上的空间位移。

从本质上来说，抽象实体的具体化和可动化机制是一种隐喻机制。Lakoff & Johnson（1980：5）指出，"隐喻的本质就是以一种事物来理解和体验另一种事物"，而且"每个隐喻都有一个源域、一个目标域和一个从源域到目标域的映射"（Lakoff 1987：276）。据此，作为一种隐喻机制，抽象实体的具体化和可动化机制就是以可动具体实体来理解和体验抽象实体，把可动具体实体这一源域的具体性和可动性特征映射到抽象实体这一目标域上。此外，还有三点需要说明。第一，抽象实体的具体化和可动化机制不仅涉及作为源域的可动具体实体和作为目标域的抽象实体，而且还涉及作为认知主体的人。在这三者中，"人"这一认知主体是关键，是运用这一机制的主体，可动具体实体和抽象实体是认知主体进行体验和认知加工的对象和基础，因此，只有在认知主体的能动体验和认知加工的作用下，可动具体实体的具体性和可动性才能够投射到抽象实体上，认知主体才能够在此基础上构想出抽象位移事件。第二，隐喻本质上是两种事物之间的一种映射关系，即一种从源域事物到目标域事物的映射关系。Lakoff（1993）指出，这种从源域到目标域的映射关系具有不对称性和局部性特征。我们认为，所谓不对称性，是指只有从源域到目标域的映射，而没有从目标域到源域的映射；所谓局部性，是指从源域到目标域的映射并不是源域的全部特征都映射到目标域上，而是源域的某一个/些特征映射到目标域上。也就是说，"不是源域矩阵的所有方面都被用于隐喻概念化"，而是"只有源域矩阵的某些方面参与了源域概念和目标域概念之间的映射过程"（Kövecses 2017：328）。因此，"当人们运用一种事物来理解和体验另一种事物时，并不是使用源域的所有特征来理解和体验目标域，而只是使用源域的某一特征或一些特征来理解和体验目标域"（张克定 2018：601）。由此可见，在抽象实体的具体化和可动化机制中，认知主体只是把可动具体实体的具体性和可动性这两个特征赋予抽象实体，而不是把可动具体实体的所有特征，如形状、质料、构造等，全部投射到抽象实体上。第三，抽象实体的具体化和可动化机制涉及的目标域是显性的，源域则是隐性的。这就是说，在认知主体运用这一隐喻机制所构想出的抽象位移事件中，作为目标域的抽象实体是明确的，而作为源域的可动具体实体则是隐含的。因此，在抽象实体被赋予具体性和可动性的过程中，认知主体是依据自身已经拥有的关于客观世界中现实位移事件的感知和体验，尤其是对现实位移事件中作为位移体的可动具体实体的感知和体验，把可动具体实体这一范畴中的实体所共有的具体性和可动性特征赋予某一明确的抽象实体。换句话说，在抽象位移事件中，作为目标域的抽象实体必须是一个明确的实体，而作为源域的可动具体实体则是存在于认知主体心智中的可动具体实体的整个范畴，而不是任何一个明确的可动具体实体。所以，在抽象位移事件中，抽象实体是显性的，可动具体实体则是隐性的。

除此之外，抽象实体的具体化和可动化机制并不能将可动具体实体的具体性和可动性赋予任何抽象实体，也就是说，这一机制的运用是有条件限制的。根据我们收集到的语料，能够被抽象实体的具体化和可动化机制赋予具体性和可动性的抽象实体通常是"想法"类和"消息"类抽象实体，如例（7）至例（10）中的 this idea、shocking news、"一个想法"和"该消息"所指的抽象实体。

（7）This idea came from a documentary.
（8）Shocking news comes from Hugh Jackman.

（9）突然一个想法闪进脑子里，他无法置信地瞪凸眼珠。
（10）该消息来自高通公司的高级副总裁。

从以上几个例子可以看出，这一限制条件与人们基于"想法"类抽象实体的出现和"消息"类抽象实体的传播的具身认知和感知体验所形成的动态意象图式密切相关。这就是说，认知主体之所以能够构想出抽象位移事件，是存在于其心智中的动态意象图式使然。

另外，当抽象位移事件中的位移体为"想法"类抽象实体时，参照实体有时也可以是抽象实体。在这种位移体和参照实体均为抽象实体的情况下，认知主体不仅要运用抽象实体的具体化和可动化机制，赋予作为位移体的抽象实体以具体性和可动性特征，还要运用如图2所示的抽象实体的空间化机制，赋予作为参照实体的抽象实体以一定的空间性特征。

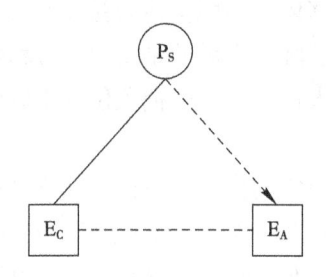

图 2 抽象实体的空间化机制

在图2中，两个方形分别代表具体实体（concrete entity，E_C）和抽象实体（abstract entity，E_A），虚线表示具体实体和抽象实体之间的间接联系，圆形代表空间性具体实体具有的空间特征（spatial property，P_S），实线表示空间特征是空间性具体实体的固有特征，虚线箭头表示认知主体以对空间性具体实体的感知和体验来构想抽象实体，把空间性具体实体的空间特征投射到抽象实体上，赋予抽象实体一定的空间特征。例如：

（11）An idea comes into Liesel's mind.
（12）一个突然的想法进入她恶作剧的内心。
（13）A sudden thought flashed across Lawrence's mind.
（14）蓦地，一个想法飞过她的脑际。

在这四个例子中，mind、"内心"和"脑际"所指的实体均为抽象实体，在抽象实体的空间化机制的作用下，它们被赋予了不同的空间特征。在例（11）和例（12）中，Liesel's mind 和"她恶作剧的内心"所指的抽象实体被赋予了三维空间特征，从而分别成为衬托位移体 an idea 和"一个突然的想法"发生心理上的空间位移的参照实体，这样，位移体 an idea 和"一个突然的想法"就分别移入参照实体 Liesel's mind 和"她恶作剧的内心"的三维抽象空间中。在例（13）和例（14）中，Lawrence's mind 和"她的脑际"所指的抽象实体则被赋予了零维空间特征，从而成为衬托位移体 a sudden thought 和"一个想法"发生心理上的空间位置变化的参照实体，即位移体 a sudden thought 和"一个想法"在心理上发生移动所经过的空间点。

4. 抽象空间位移关系构式的构成形式和限制条件

在日常生活中，人们不仅能够运用抽象实体的具体化和可动化机制构想出抽象位移事件，还能够运用语言将其表达出来，传递给他人。抽象位移事件同现实位移事件一样，也涉及 Talmy（2000）提到的位移事件中的位移体、参照实体、位移和路径四个要素。在这四个要素中，位移体和参照实体是两个关键实体，位移和路径表明位移体以参照实体为衬托所发生的心理上的空间位置变化。据此，抽象位移事件实际上表示的是发生在位移体和参照实体之间的抽象性空间位移关系，因此，人们用来编码抽象位移事件的语言表达式就可以叫做抽象空间位移关系构式。

在英语和汉语中，抽象空间位移关系构式通常会把抽象位移事件中的位移体、参照实体、位移和路径四个要素编码为三个成分，即施事、谓词和处所。按照 Fillmore（1968）的格语法理论，施事指的是由谓词所确定的动作发出者或发生者，处所指的是由谓词确定的动作或状态的处所或空间方向。在抽象空间位移关系构式中，施事与位移体对应，是位移动作的发生者；谓词与位移对应，表示施事的位置移动；处所与参照实体对应，表示施事发生位移的处所或空间方向；路径没有对应的成分，可以和谓词编码在一起，或者与处所编码在一起。英语和汉语虽然都有抽象空间位移关系构式，但对施事、谓词和处所三个成分的编码方式有同有异。

4.1 抽象空间位移关系构式的构成形式

抽象空间位移关系构式是编码抽象位移事件的形—义配对体。无论是在英语还是汉语中，这种构式均由施事、谓词和处所三个成分构成。在这三个成分中，施事成分即位移体，在英语和汉语中都由指称抽象实体的抽象名词短语（abstract nominal，N_A）体现，但英语和汉语对谓词和处所这两个成分的编码则不同。在英语中，谓词成分由位移动词（motion verb，V_M）单独充当，路径由介词（preposition，P）体现，并与指称参照实体的具体/抽象名词短语（concrete/abstract nominal，$N_{C/A}$）构成介词短语（P·$N_{C/A}$）来充当处所成分；而在汉语中，路径由趋向动词（directional verb，V_D）体现，并与位移动词构成动趋短语（$V_M \cdot V_D$）来充当谓词成分，处所成分则由指称参照实体的具体/抽象名词短语直接体现。据此，英语和汉语中的抽象空间位移关系构式的结构形式可以分别表示为 $N_A\ V_M\ P \cdot N_{C/A}$ 和 $N_A\ V_M \cdot V_D\ N_{C/A}$。例如：

（15）The idea of a marathon race came from Michel Bréal.
（16）The news flashes across the camp.
（17）突然，一个想法进入他的脑海。
（18）消息飞快地传到每一个角落。

这四个例子均为抽象空间位移关系构式。在例（15）和例（16）这两个英语构式中，the idea of a marathon race 和 the news 为 N_A，came 和 flashes 为 V_M，from Michel Bréal 和 across the camp 为 $P \cdot N_{C/A}$，这两个例子描述的是位移体 the idea of a marathon race 和 the news 分别以参照实体 Michel Bréal 和 the camp 为衬托而发生的心理上的空间位移。在例（17）和例（18）这两个汉语构式中，"一个想法"和"消息"为 N_A，"进入"和"传到"为 $V_M \cdot V_D$，"他的脑海"和"每一个角落"为 $N_{C/A}$。这两个例子描述了位移体"一个想法"和"消息"分别以参照实体"他的脑海"和"每一个角落"为终点而发生的心理上的空间位置变化。

由此可见，抽象空间位移关系构式在英语和汉语中均包含施事、谓词和处所这三个必备成分，这是英语和汉语的相同之处；而谓词和处所这两个成分在英语和汉语中分别以不同的方式进行编码，这是英语和汉语的相异之处。

4.2 抽象空间位移关系构式的限制条件

英语和汉语的抽象空间位移关系构式均具有完句性特征，因此，对其构成成分肯定是有限制条件的。这一限制条件就是，抽象空间位移关系构式在英语和汉语中都要求施事、谓词和处所为其三个必备成分。这就是说，在英语和汉语中，抽象空间位移关系构式都必须由施事、谓词和处所三个成分构成，缺一不可。这一点与现实空间位移关系构式是不同的。例如，在现实空间位移关系构式中，在一定的语境下，处所成分可以略而不表。但是，即使在一定的语境下，抽象空间位移关系构式也不能略去处所成分，否则，将不可成立。试比较：

（19a）**A patient in his underwear and a pink coat is running around the halls.** He's pretty fast. Diego can't catch him.
（19b）**A patient in his underwear and a pink coat is running.** He's pretty fast. Diego can't catch him.
（20a）**A weird idea flashed through my mind:** what if this isn't really my brother? It was ridiculous, of course.

（20b）***A weird idea flashed:** what if this isn't really my brother? It was ridiculous, of course.
（21a）我们跑出楼外，察看是否发生了爆炸，结果看到了许多死者。
（21b）我们跑出去，察看是否发生了爆炸，结果看到了许多死者。
（22a）议和的消息传到北京，震动了全国，袁世凯被迫取消帝制，他的军事独裁统治已面临总崩溃。
（22b）* 议和的消息传到，震动了全国，袁世凯被迫取消帝制，他的军事独裁统治已面临总崩溃。

例（19a）这一英语现实空间位移关系构式若略去处所成分 around the halls，仍可以成立，如例（19b）所示。但是，例（20a）这一英语抽象空间位移关系构式若去掉处所成分 through my mind，则完全不可成立，如例（20b）所示。同样，例（21a）这一汉语现实空间位移关系构式若去掉处所成分"楼外"，仍可以成立，如例（21b）所示。但是，例（22a）这一汉语抽象空间位移关系构式若去掉处所成分"北京"，则不可成立，如例（22b）所示。这就表明，无论是在英语还是汉语中，施事、谓词和处所都是构成抽象空间位移关系构式必不可少的成分。换句话说，在英语和汉语中，抽象空间位移关系构式都必须由施事、谓词和处所三个成分构成。

下面来讨论英语和汉语的抽象空间位移关系构式对路径编码的限制条件。抽象空间位移关系构式是抽象位移事件的语言体现形式。众所周知，位移事件往往会形成一定的位移事件框架，而位移事件框架是人类的一种基本认知模式，不同语言一般采用不同的方式来表示物体的位移（曾传禄 2009）。就抽象位移事件而言，英语和汉语采用不同的方式进行编码。英语采用 $N_A\ V_M\ P\cdot N_{C/A}$ 的结构形式来编码抽象位移事件，汉语则采用 $N_A\ V_M\cdot V_D\ N_{C/A}$ 的结构形式来编码抽象位移事件。从英语和汉语抽象空间位移关系构式的不同结构形式来看，英语和汉语对抽象位移事件编码方式的区别主要体现在对路径的编码方式上。英语通常使用介词来编码路径，并与具体/抽象名词短语一起构成介词短语（$P\cdot N_{C/A}$）来充当处所成分，汉语则用趋向动词来编码路径，并与位移动词一起构成动趋短语（$V_M\cdot V_D$）来充当谓词成分。简而言之，英语抽象空间位移关系构式中的路径由介词体现，汉语抽象空间位移关系构式中的路径由趋向动词体现。但是，并不是任何介词都可用于英语抽象空间位移关系构式，也不是任何趋向动词都可以出现在汉语抽象空间位移关系构式中。英语抽象空间位移关系构式对能够进入编码路径的介词是有选择、有限制的，汉语抽象空间位移关系构式对能够进入编码路径的趋向动词也是有选择、有限制的。前者就是英语抽象空间位移关系构式对路径编码的限制条件，后者就是汉语抽象空间位移关系构式对路径编码的限制条件。

先来看英语抽象空间位移关系构式对路径编码的限制条件。

Jackendoff（1992）与 Landau & Jackendoff（1993）依据介词是否表达空间关系义，将英语中的介词划分为空间介词和非空间介词。Herskovits（1986）根据英语中的空间介词表示静态空间义还是动态空间义，把英语空间介词又划分为静态空间介词和动态空间介词。我们认为，所谓静态空间介词，就是表示物体静态地处于某一空间位置的空间介词；所谓动态空间介词，就是表示物体从一个空间位置移动到另一个空间位置的空间介词。就英语抽象空间位移关系构式而言，能够进入其中来编码路径的空间介词必须是动态空间介词。作为一种编码抽象位移事件的构式，英语抽象空间位移关系构式对路径的编码，实际上就是对"起点—路径—终点"意象图式的编码，因此，在英语中，这种构式要求进入其中的动态空间介词应为表示"起点—路径—终点"意象图式的起点、终点或整个路径的动态空间介词。也就是说，在英语抽象空间位移关系构式中，用来编码路径的动态空间介词应为表示位移体开始移动的起点、移动到达的终点或者移动所经过的整个路径的动态空间介词。实际上，"起点—路径—终点"意象图式中的起点、路径、终点就是物体发生移动的起点、路径、终点，也就是物体在空间中移动的方向。据此，英语抽象空间位移关系构式对路径编码的限制条件可进一步表述为：能够进入其中编码路径的空间介词必须是表示移动方向的动态空间介词。例如，在例（23）—（28）中，from 和 out of 为表示位移体移动起点的动态空间介词，into 和 to 为表示位移体移动终点的动态空间介词，through 则为表示位移体移动所经过的整个路径的动态空间介词，它们分别编码了路径的不同信息。

（23）Another distressing opinion came from Simpkins.
（24）The news comes out of Mueller investigation.
（25）The idea flashed into my noggin on the spur of the moment.
（26）The idea goes to the Food Network.
（27）The news flashed through all our stations.
（28）A hideous thought flashed through her head.

再来看汉语抽象空间位移关系构式对路径编码的限制条件。

与英语不同，汉语抽象空间位移关系构式通常使用趋向动词来编码抽象位移事件中的路径。所谓趋向动词，就是"表示运动的趋向的动词"（A. A. 龙果夫 1958：109），即"表示从远到近、从近到远、从低到高、从高到低、从里到外、从外到里等运动的动词"（李临定 1990：103）。一般认为，趋向动词是汉语动词中一个封闭的小类，总数不过二十多个，作用却非常重要（周一民 1999）。关于汉语中趋向动词的数量，不同学者所列不一。陆俭明（2002

列出了如下 24 个：上、下、进、出、回、过、起、开、来、去、上来、下来、进来、出来、回来、过来、起来、开来、上去、下去、进去、出去、回去、过去；吕叔湘（1999）列出了 25 个，除上述 24 个外，还包括"到"；孟琮等（1999）列出了 26 个，除上述 25 个外，还包括"到来/去"；刘月华（1998）和刘月华等（2004，2019）则列出了 28 个，除了把"到来/去"分列为"到……来"和"到……去"，把"开去"也列为了趋向动词。此外，还有学者将"入"也列为趋向动词（如张伯江 1991；张伯江、方梅 1996）。这样，学术界所列出的趋向动词共有 29 个。趋向动词可以是单音节词，也可以是双音节词。单音节趋向动词可称作简单趋向动词，双音节趋向动词可称作复合趋向动词。据此，汉语中的趋向动词分类就如表 1 所示，其中简单趋向动词共12 个，复合趋向动词共 17 个。

表 1　汉语中的趋向动词

趋向动词	
简单趋向动词	复合趋向动词
来、去、上、下、进、出、回、过、起、开、到、入	上来、上去、下来、下去、进来、进去、出来、出去、回来、回去、过来、过去、起来、开来、开去、到……来、到……去

在汉语中，趋向动词"是一类后辅助动词，用在动词或形容词后边表示某种趋向"（邢福义 1996：171）。趋向动词用在动词或形容词后作补语时，通常可以表示三种意义：趋向意义、结果意义和状态意义[2]（刘月华 1998）。在此，我们仅涉及居于位移动词之后的趋向动词所表示的趋向意义。趋向动词作动词补语所表示的"趋向意义就是方向意义，表示人或物体通过动作在空间的移动方向"（刘月华 1998：2）。当位移动词和趋向动词构成的动趋短语后接处所宾语时，趋向动词表示实际的趋向，与空间或范围有关，说明人或事物随动作从一个空间位置或范围移动到了另一个空间位置或范围（李冠华 1985），如例（29）和例（30）中的"上"和"下"所示。在例（29）中，"他"随着"爬"的位移动作从"小山"下面的空间位置移动到了"小山"上面的空间位置。在例（30）中，"祝女士"随着"跳"的位移动作从"三轮车"上面的空间位置移动到了"三轮车"下面的空间位置。

（29）他爬上了一个树木和灌木丛生的小山。
（30）祝女士跳下了三轮车。

凡是一种行为，总有它的结果（王力 1985）。凡是一种位移事件，也总有它的路径。现实位移事件如此，抽象位移事件也莫不如此。作为一种编码抽象位移事件的构式，汉语抽象空间位移关系构式通常使用表示趋向意义的趋向动词来编码抽象位移事件中的路径。例如：

（31）忽然，一个想法飞进他的思绪。
（32）一个想法掠过他的脑际。
（33）消息传到了上海，复旦师生群情激愤，两千余人齐集大操场，举行国难纪念大会。
（34）战线过长等观点陷入了违反市场经济、实践经验及国家政策的误区。

这几个例子均为汉语抽象空间位移关系构式，它们所编码的都是抽象位移事件。这几个构式分别使用了趋向动词"进""过""到"和"入"来编码路径。在例（31）、例（33）和例（34）中，趋向动词"进""到""入"编码的都是"起点—路径—终点"意象图式中的终点；在例（32）中，趋向动词"过"编码的则是这一意象图式中的整个路径。曾传禄（2009：69，2014：30）认为，"'过'标引的处所词既可以是'经过点'，也可以是'经过的路径'"。据此，例（32）中的趋向动词"过"所编码的路径应是"经过点"。

汉语一般使用趋向动词来编码抽象位移事件中的路径，但是，并不是所有趋向动词都可用于抽象空间位移关系构式来编码路径。也就是说，在汉语中，抽象空间位移关系构式对能够进入其中编码路径的趋向动词是有限制条件的。这一限制条件包括形式和意义两个方面。从形式上说，能够进入抽象空间位移关系构式的趋向动词必须是简单趋向动词；从意义上说，能够进入抽象空间位移关系构式的趋向动词必须是表示趋向意义的趋向动词。把形式和意义这两个方面结合起来考虑，我们就可以把汉语抽象空间位移关系构式对编码路径的趋向动词的限制条件表述为：只有表示趋向意义的简单趋向动词，才能用于汉语抽象空间位移关系构式，才能和位移动词一起构成动趋短语来充当谓词成分。不仅如此，"从整体上看，作为'终点'类格标的趋向词多于其他类趋向词。可以这么说，趋向词的典型语法功能就是'终点'标志"（曾传禄 2009：68，2014：28）。根据曾传禄的观点和语料观察，我们发现，能够进入汉语抽象空间位移关系构式的表示趋向意义的简单趋向动词包括上、进、过、到、入等。

综上所述，英语和汉语抽象空间位移关系构式都由三个必备成分构成，但在英语中，抽象空间位移关系构式的构成形式为 $N_A\ V_M\ P \cdot N_{C/A}$，在汉语中，抽象空间位移关系构式的构成形式是 $N_A\ V_M \cdot V_D\ N_{C/A}$。可以看出，英语和汉语采用不同方式来编码抽象位移事件中的路径，而且各有各的限制条件。在英语中，能够用来编码抽象位移事件中路径的空间介词必须是表示移动方向的动态空间介词；而在汉语中，能够用来编码抽象位移事件中路径的趋向动词必须是表示趋向意义的简单趋向动词。可能是因为英语中的动态空间介词和汉语中的简单趋向动词都可以用来编码位移事件中的路径，吕叔湘（1999：39）认为，"跟某些外语比较，当动趋式动词后边是代表处所的名词时，动趋式里的'趋₁'³的作用像一个介词"。"这就是说，这类结构中趋向词有标引处所的功能。不过，它们还无法归入介词，动趋式和动介式最大的不同在于：动趋式可以插入'得/不'构成可能式，如'挤得/不进礼堂、爬得/不上城墙'，而动介式不能插入'得/不'，如'扔得/不在水里、开得/不往上海'不合法"（曾传禄2009：68，2014：28）。动趋式还有一个特点，即"带上趋向补语的述补短语语法功能上相当于一个动词，后面可以带'了'，如'流进了瓶里、爬过了雪山'"（张斌 2010：308-309）。据此可以认为，在汉语中，动趋短语中的趋向动词虽然在标示位移事件中路径的功能上"像"介词，但仍然不是介词，而是动词。

5. 结语

抽象位移事件是认知主体通过对现实位移事件的感知和体验，运用其认知想象能力和识解能力构想出的一种位移事件，抽象位移事件是由抽象实体的具体化和可动化机制促动的。作为一种隐喻机制，抽象实体的具体化和可动化机制是以可动具体实体为源域来理解和体验作为目标域的抽象实体，将可动具体实体这一源域的具体性和可动性映射到抽象实体这一目标域上，从而使抽象实体能够以具体/抽象实体为参照而发生心理上的空间位置变化。抽象实体的具体化和可动化机制具有单向性、局部性和隐含性特征，且有其限制条件。

人们对抽象位移事件的语言编码形成抽象空间位移关系构式。在英语和汉语中，抽象空间位移关系构式都必须包含施事、谓词和处所三个必备成分。这是英语和汉语的相同之处。在施事、谓词和处所这三个必备成分中，施事成分即是位移体，在英语和汉语中都体现为指称抽象实体的抽象名词短语，但英语和汉语采取不同的方式来编码谓词和处所这两个成分。在英语中，谓词成分由位移动词充当，处所成分体现为介词和指称参照实体的具体/抽象名词短语所构成的介词短语；在汉语中，谓词成分由位移动词和趋向动词所构成的动趋短语充当，处所成分则由指称参照实体的具体/抽象名词短语直接体现。这样，英语抽象空间位移关系构式的结构形式为 $N_A\ V_M\ P \cdot N_{C/A}$，汉语抽象空间位移关系构式的结构形式则是 $N_A\ V_M \cdot V_D\ N_{C/A}$。英语和汉语对抽象位移事件中的路径也采用了不同的编码方式，而且各有各的限制条件。在英语抽象空间位移关系构式中，能够用来编码抽象位移事件中路径的空间介词必须是表示移动方向的动态空间介词；而在汉语抽象空间位移关系构式中，能够用来编码抽象位移事件中路径的趋向动词必须是表示趋向意义的简单趋向动词。这是英语和汉语的相异之处。

注 释

1 本文的英汉语例句分别取自"美国当代英语语料库"（The Corpus of Contemporary American English）（https://www.english-corpora.org/coca/）和北京语言大学"BCC 汉语语料库"（http://bcc.blcu.edu.cn/）。
2 趋向动词作补语所表示的结果意义和状态意义分别指"动作有结果或达到了目的，即具有结果意义"和"动作或状态在时间上展开、延伸，与空间无关"（刘月华 1998：14，25）。在趋向动词作补语表示的三种意义中，趋向意义是基本意义，结果意义比趋向意义要虚，状态意义又比结果意义更虚（刘月华 1998）。
3 "趋$_1$"是指紧接位移动词之后的趋向动词。

参考文献

Batoréo, H. & L. Ferrari. 2016. Events of motion and Talmyan typology: Verb-framed and satellite-framed patterns in Portuguese [J]. *Cognitive Semantics* 1: 59-79.

Beavers, J., B. Levin & S. W. Tham. 2010. The typology of motion expressions revisited [J]. *Journal of Linguistics* 46: 331-377.

Bohnemeyer, J., N. J. Enfield, J. Essegbey, I. Ibarretxe-Antuñano, S. Kita, F. Lüpke & F. K. Ameka. 2007. Principles of event segmentation in language: The case of motion events [J]. *Language* 83: 495-532.

Chu, C. 2004. *Event Conceptualization and Grammatical Realization: The Case of Motion in Mandarin Chinese* [D]. Ph.D. dissertation. Honolulu: University of Hawaii.

Filipović, L. 2007. On the nature of lexicalization patterns: A crosslinguistic inquiry [A]. In N. Delbecque & B. Cornillie (eds.). *On Interpreting Construction Schemas: From Action and Motion to Transitivity and Causality* [C]. Berlin: Mouton de Gruyter. 307-329.

Filipović, L. & I. Ibarretxe-Antuñano. 2015. Motion [A]. In E. Dąbrowska & D. Divjak (eds.). *Handbook of Cognitive Linguistics* [C]. Berlin: Mouton de Gruyter. 527-545.

Fillmore, C. J. 1968. The case for case [A]. In E. Bach & R. T. Harms (eds.). *Universals in Linguistic Theory* [C]. New York: Holt, Rinehart and Winston. 1-88.

Gaby, A. & E. Sweetser. 2017. Space-time mappings beyond language [A]. In B. Dancygier (ed.). *The Cambridge Handbook of Cognitive Linguistics* [C]. Cambridge: Cambridge University Press. 635-650.

Gennari, S. P., S. A. Sloman, B. C. Malt & W. T. Fitch. 2002. Motion events in language and cognition [J]. *Cognition* 83: 49-79.

Herskovits, A. 1986. *Language and Spatial Cognition: An Interdisciplinary Study of the Prepositions in English* [M]. Cambridge: Cambridge University Press.

Jackendoff, R. 1992. *Languages of the Mind: Essays on Mental Representation* [M]. Cambridge: The MIT Press.

Kövecses, Z. 2017. Levels of metaphor [J]. *Cognitive Linguistics* 28: 321-347.

Lakoff, G. 1987. *Women, Fire, and Dangerous Things: What Categories Reveal about the Mind* [M]. Chicago: University of Chicago Press.

Lakoff, G. 1993. The contemporary theory of metaphor [A]. In A. Ortony (ed.). *Metaphor and Thought* (2nd ed.) [C]. Cambridge: Cambridge University Press. 202-251.

Lakoff, G. & M. Johnson. 1980. *Metaphors We Live By* [M]. Chicago: University of Chicago Press.

Landau, B. & R. Jackendoff. 1993. "What" and "where" in spatial language and spatial cognition [J]. *Behavioral and Brain Sciences* 16: 217-238.
Lin, J. 2015. The encoding of motion events in Mandarin Chinese [A]. In W. S.-Y. Wang & C. Sun (eds.). *The Oxford Handbook of Chinese Linguistics* [C]. Oxford: Oxford University Press. 322-335.
Lin, J. 2019. *Encoding Motion Events in Mandarin Chinese: A Cognitive Functional Study* [M]. Amsterdam: John Benjamins.
Matlock, T. 2004a. Fictive motion as cognitive simulation [J]. *Memory & Cognition* 32: 1389-1400.
Matlock, T. 2004b. The conceptual motivation of fictive motion [A]. In G. Radden & K.-U. Panther (eds.). *Studies in Linguistic Motivation* [C]. Berlin: Mouton de Gruyter. 221-248.
Matlock, T. & T. Bergmann. 2015. Fictive motion [A]. In E. Dąbrowska & D. Divjak (eds.). *Handbook of Cognitive Linguistics* [C]. Berlin: De Gruyter Mouton. 546-561.
Radden, G. & R. Dirven. 2007. *Cognitive English Grammar* [M]. Amsterdam: John Benjamins.
Talmy, L. 1985. Lexicalization patterns: Semantic structure in lexical forms [A]. In T. Shopen (ed.). *Language Typology and Syntactic Description: Volume III: Grammatical Categories and the Lexicon* [C]. Cambridge: Cambridge University Press. 56-149.
Talmy, L. 1991. Path to realization: A typology of event conflation [J]. *BLS* 17: 480-519.
Talmy, L. 1996. Fictive motion in language and "ception" [A]. In P. Bloom, M. A. Peterson, L. Nadel & M. F. Garrett (eds.). *Language and Space* [C]. Cambridge: The MIT Press. 211-276.
Talmy, L. 2000. *Toward a Cognitive Semantics: Volume II: Typology and Process in Concept Structuring* [M]. Cambridge: The MIT Press.
Talmy, L. 2007. Lexical typologies [A]. In T. Shopen (ed.). *Language Typology and Syntactic Description: Volume III: Grammatical Categories and the Lexicon* (2nd ed.) [C]. Cambridge: Cambridge University Press. 66-168.
Vulchanova, M. & E. van der Zee (eds.). 2012. *Motion Encoding in Language and Space* [C]. Oxford: Oxford University Press.
A. A. 龙果夫，1958，《现代汉语语法研究》[M]，郑祖庆译。北京：科学出版社。
范立珂，2015，《位移事件的表达方式探究："运动"与"路径"、"句法核心"与"意义核心"的互动与合作》[M]。上海：复旦大学出版社。
范立珂，2016，位移事件表达中各概念的组合方式研究 [J]，《海南师范大学学报（社会科学版）》（3）：130-138。
李冠华，1985，处宾动趋结构初探 [J]，《安徽师大学报（哲学社会科学版）》（4）：97-106。
李临定，1990，《现代汉语动词》[M]。北京：中国社会科学出版社。
李 雪，2009，英汉语言表达中"想像性运动"的认知阐释 [J]，《西南政法大学学报》（2）：130-135。
刘月华（编），1998，《趋向补语通释》[C]。北京：北京语言文化大学出版社。
刘月华、潘文娱、故 韡，2004，《实用现代汉语语法（增订本）》[M]。北京：商务印书馆。
刘月华、潘文娱、故 韡，2019，《实用现代汉语语法（第三版）》[M]。北京：商务印书馆。
陆俭明，2002，动词后趋向补语和宾语的位置问题 [J]，《世界汉语教学》（1）：5-17。
吕叔湘（编），1999，《现代汉语八百词（增订本）》[C]。北京：商务印书馆。
孟 琮、郑怀德、孟庆海、蔡文兰（编），1999，《汉语动词用法词典》[C]。北京：商务印书馆。

邵志洪，2006，英汉运动事件框架表达对比与应用 [J]，《外国语》（2）：33-40。
史文磊，2012，汉语运动事件词化类型研究综观 [J]，《当代语言学》（1）：49-65。
史文磊，2014，《汉语运动事件词化类型的历时考察》[M]。北京：商务印书馆。
王　力，1985，《中国现代语法》[M]。北京：商务印书馆。
王义娜、张晓燕，2007，运动事件框架理论的应用与思考 [J]，《社会科学论坛》（4）：131-134。
邢福义，1996，《汉语语法学》[M]。长春：东北师范大学出版社。
严辰松，1998，运动事件的词汇化模式——英汉比较研究 [J]，《解放军外国语学院学报》（6）：8-12。
曾传禄，2009，汉语位移事件参照及其格标 [J]，《西华大学学报（哲学社会科学版）》（1）：66-70，75。
曾传禄，2014，《现代汉语位移空间的认知研究》[M]。北京：商务印书馆。
张　斌（编），2010，《现代汉语描写语法》[C]。北京：商务印书馆。
张伯江，1991，动趋式里宾语位置的制约因素 [J]，《汉语学习》（6）：4-8。
张伯江、方　梅，1996，《汉语功能语法研究》[M]。南昌：江西教育出版社。
张克定，2018，英语非现实空间位移关系构式的认知机制与限制条件 [J]，《现代外语》（5）：596-607。
张克定，2019，非现实位移事件的编码与突显 [J]，《外国语文》（1）：1-7。
张克定，2020，抽象位移事件的体认性和语言编码 [J]，《语言教育》（1）：33-39。
钟书能，2012，语言中虚拟移位的认知研究 [J]，《华南理工大学学报（社会科学版）》（5）：122-127。
周一民，1999，汉语趋向动词规范谈 [J]，《语文建设》（3）：32-34。

作者简介

张克定，河南大学外语学院 / 外国语言学及应用语言学研究所教授，博士生导师。主要研究领域：认知语言学、语用学、功能语言学、对比语言学。

电子邮箱：hdzkd@henu.edu.cn

领属关系的语义表达与话题领属句*

西南大学　成　军

提要：领属范畴是一个反映"语言共性"的关系范畴，表达"领有"与"隶属"之义，几乎所有语言都有特定的表达形式。本文从类型学的视角分析"领属"相关语义属性对形态句法影响与制约的复杂性。具体表现为："领属"的形态句法受领属范畴次级语义特征的影响，包括可让渡性与不可让渡性、有生性与无生性、暂时性与恒久性、具体与抽象等语义特征的对立。汉语特有的"领主属宾句"蕴含了一种动态领属关系，表达"获得"或"丧失"之义，在句法上表现为独特的"领"与"属"分裂的"话题领属"结构，体现了汉语领属关系在句法表达上独有的类型特性。

关键词：领属关系；动态领属；话题；类型学

1. 引言

"凡一切实存的事物都存在于关系中……，而关系就是自身联系与他物联系的统一"（黑格尔 2011：283）。客观世界中存在各种各样复杂的关系，这些关系为人们所体验、认知，并最终概念化为思维系统中相关概念间的关系。当思维系统中概念间的关系通过一定的成分和结构映射到语言中时，就形成了表达这些关系的语言形式。本文所讨论的领属范畴就是一个描述客观认识对象之间关系的语义范畴，表达"领有"与"隶属"之义，是一个反映"语言共性"的关系范畴，几乎在所有语言中都有特定的形式来表达（Taylor 1989；Heine 1997；Stassen 2009）。领属范畴对整个语法体系有着特殊的意义，不仅影响其他众多语法现象，同时其自身的表达也受到多种因素的制约。正因为如此，在西方语言学研究中，关于领属范畴的研究一直都是语法学家关注的焦点话题之一。

---

* 本文系重庆市社会科学规划项目"信息论视域下的标题学研究"（项目编号：2019YBYY132）的阶段性成果。

本文在文献回顾的基础上,从类型学的跨语言比较视角剖析"领属"关系的概念结构,分析"领属"相关语义属性对形态句法的影响与制约;同时,从动态领属与静态领属的语义对立入手,考察汉语"领主属宾句"(郭继懋1990)句法—语义界面的互动特征,论证"王冕死了父亲"这类"领主属宾句"在句法上不是一种"主谓宾"结构,而是体现汉语句法类型特征的主谓谓语结构——"话题领属句"。

2. 领属范畴的复杂性

《现代汉语词典(第7版)》将"领属"定义为"彼此之间一方领有或具有而另一方隶属或从属"(中国社会科学院语言研究所词典编辑室 2016:833)。如果进一步追问何为"领有"或"具有",何为"隶属"或"从属",恐怕一时半会难以说清楚。在汉语语法研究中,"领属"范畴虽然是一个受到语法学家长期关注的话题,但其定义还是比较模糊的。例如,陆俭明(2005:175)认为,"领属关系是事物与事物之间的领有、隶属关系的总称,反映到语言中,就形成对句法起某种制约作用的领属范畴"。

在西方语法研究文献中,"领属"被定义为两个实体之间所具有的一种非对称性的关系(Seiler 1983;Taylor 1989;Heine 1997;Lehmann 1998;Langacker 2009;Stassen 2009)。在语言层面上,这两个实体(领有者与被领有者)由两个名词短语来表示。之所以认为它们是非对称性的,从意义上来说,是因为二者有领有与被领有、包含与被包含、控制与被控制等语义对立;从语法功能上来说,是因为二者有修饰与被修饰、限制与被限制、说明与被说明等方面的功能对立。语言中的领属结构反映的正是事物之间的一种相互依存关系。甲事物对乙事物的领有也是乙事物对甲事物的隶属,这意味着甲对乙的控制,同时也意味着乙对甲的依存。在一般的文献中,甲事物被称为"领有者",而乙事物被称为"被领有者"。这种"领有"与"隶属"的依存关系在语言中往往表现为用来表示甲、乙事物的两个名词短语之间的复杂语法关系。

"领属"作为一个语义范畴,在不同语言中并不具有均质同一性的表达。这是因为在"领属"这个母范畴之下,包括相互联系的多个具有不同概念属性的次级语义范畴对立,如有生领属与无生领属、恒久性领属与暂时性领属、可让渡领属与不可让渡领属、具体领属与抽象领属等等。这些相互对立的次级语义范畴构成"领属关系"的丰富概念内涵,不同语言对这些概念内涵表达的侧重点有所不同,因此,弄清楚这些次级语义特征有助于我们理解"领属"范畴的概念内涵,同时可以看到,不同语言对领属关系的表达并非完全一致,各有不同的内涵表达侧重。下面我们就"领属"范畴的表达所涉及的相关次级语义范畴特征展开讨论。

2.1 可让渡领属与不可让渡领属

在所有次级语义范畴中,"可让渡领属"与"不可让渡领属"是最受人们关注的一种对立,因为这种对立直接影响到对其他次级语义特征的描写(Jones 2016)。"可让渡领属"指"领有者"与"被领有者"之间的非对称性关系不是内在的,因此,"领有者"可对"被领有者"予以控制权的让渡处理。相反,如果"领有者"与"被领有者"之间的领有关系是内在的,"领有者"对"被领有者"不能予以控制权的让渡处理,这种领属关系就是"不可让渡领属"。试比较:

(1) Mr. Smith's car
(2) Mr. Smith's nose

例(1)描述的领有关系表现为一种"领有者"对"被领有者"的控制权,这种控制权并非 Mr. Smith 内在所有的,而是一种"获得性"的控制权,例如,通过购买、交换或馈赠等方式获得对汽车的控制权。正是由于控制权在可让渡领属关系中是非内在的,Mr. Smith 可以将这种权利予以让渡处理,如转移所有权或使用权。与例(1)不同,例(2)中的 Mr. Smith 对 nose 的领有关系表现为一种"领有者"对"被领有者"内在的、非获得性的控制关系,也就是说,Mr. Smith 对 nose 的领有是与生俱来、不可拆分的。正因为如此,Mr. Smith 虽然可以对 nose 予以控制,但不能有意识地对其随意处置,如不能转移、买卖等。

"可让渡领属"与"不可让渡领属"在时间维度上也表现出巨大差异。在"可让渡领属"中,领有关系在时间上可能具有稳定性,但这种稳定性是相对的,而在"不可让渡领属"中,领有关系的时间性表现为长期、稳定的特性。

一般而言,如果"被领有者"与"领有者"可以分开,那就是"可让渡领属";如果它们不可分开,则为"不可让渡领属"。"不可让渡领属"主要包括以下几类:亲属关系、社会关系、身体部位、整体—部分关系、空间位置关系、时间顺序、物理属性、心理状态、逻辑关系,如以下例子所示:

(3) 老王的儿子(亲属关系)
(4) 狗的主人、老王的妻子、我的老师(社会关系)
(5) 老王的手(身体部位)
(6) 衬衣的纽扣(整体—部分关系)
(7) 上海的北边(空间位置关系)
(8) 1992 年的春天(时间顺序)
(9) 水的温度(物理属性)
(10) 小王的坏脾气(心理状态)
(11) 句子的主语(逻辑关系)

在英语、汉语、法语、日语、德语等语言中,"可让渡领属"与"不可让渡领属"的语义对立并没有语言形式上的区分。在汉语中,无论是"可让渡领属"还是"不可让渡领属",均使用相同的形式——"名词+(的)+名词"。例如:

(12) a. 老王(的)儿子
　　 b. 老王(的)自行车

英语也不例外。例(13)和例(14)都属于修饰性领属结构,其中例(13)用的是"-s 领属"形式,例(14)用的是"of 领属"形式:

(13) a. my son, my heart, my hand, my teacher ...
　　 b. my book, my money, my car ...
(14) a. a son of mine, the heart of mine, the hand of mine, a teacher of mine ...
　　 b. a book of mine, the money of mine, a car of mine ...

但是,在有些语言中,"可让渡领属"与"不可让渡领属"的语义对立在语言形式上存在差异。例如,"我的头"在汉语中一般表示"不可让渡领属",但也有可能表示"可让渡领属"。但是,斐济语(Fijian)中存在两种不同的形式:用 uluqu 表示不可让渡领属意义的"我的头",即"作为我身体一部分的头";用 kequ ulu 表示可让渡领属意义的"我的头",如"我有的(牛)头"或者"我正在啃的猪头"(Miller & Johnson-Laird 1976:562)。再如,印地语(Hindi)往往用介词对领属结构中的"被领有者"名词予以标记,这个介词相当于英语中的 at 或 with。当"被领有者"为"可让渡"对象时,介词形式为 ke paas(at),当其为"不可让渡"对象时,介词形式则为 kaa(with)。如以下例子(改写自 Chandra & Kumar 2012)所示:

(15) John   **ke paas**   ek   gaaRi   he
　　 John   Prep-at   one   car   be
　　 'John has a car.'(约翰有辆轿车。)
(16) John   **kaa**   ek   bhaai   he
　　 John   Prep-with   one   brother be
　　 'John has a brother.'(约翰有个弟弟。)

阿邦语(Abun)的修饰性领属结构有两种形式,若是"可让渡领属"结构,"领有者"和"被领有者"之间往往需要加一个类似于英语介词 of 的语素;若是"不可让渡领属"结构,它们之间就没有这个语素。如以下例子所示:

（17）Abun (West Papuan)（Haspelmath 2008）
  a. 可让渡领属   b. 不可让渡领属
   ji **bi** nggwe   ji syim
   I **of** garden   I arm
   'my garden'（我的花园） 'my arm'（我的胳膊）

  Haiman（1983）在论证句法"距离象似性"理据时，提出的重要证据之一就是在许多语言中有"可让渡领属"与"不可让渡领属"的形式对立。根据 Haiman（1983）的观点，句法的距离象似性理据主要体现为如下三个基本原则：1）表达式之间的语言距离对应它们之间的概念距离；2）表达式的语言分离性对应它表示的对象或事件的概念独立性；3）话语者之间的社会距离在话语指称内容（referential content）相当的前提下对应（话语）消息的（形式）长短。

  句法的距离象似性理据可以较好地解释领属关系的非对称性句法表现。在例（17）中，对"胳膊"而言，采用了并置两个名词短语的方式，"领有者"与"被领有者"之间几乎不存在任何"语言距离"，形象地反映了二者在概念上有更密切的关系（胳膊不会被看成一个独立于其所有者的实体）。相反，在表达"我的花园"时，"领有者"与"被领有者"之间明显多了一个标记 bi，"领有者"与"被领有者"之间的语言距离更大，反映了"我"与"花园"之间在概念上有更大的距离。

  Haiman（1983）还进一步提出了一个关于领属关系句法表达的距离象似性重要假设，这个假设或多或少有些格林伯格式特征蕴含的味道，表述为：世界上没有任何语言在表示不可让渡领属关系时，如用"X's Y"这样的表达式，X 与 Y 之间的语言距离比在表达可让渡领属关系时更大。

  为了证明该假设，Haiman（1983）引用了大量相关跨语言的素材，其中所援引的语言除了阿邦语外，还包括同属西巴布亚语系的呼瓦语（Hua），美国路易斯安那州中部仅有 32 人使用的图尼卡语（Tunica），美墨边界的北美土著语巴巴哥语（Papago）、阿帕奇语（Apache），以及非洲的格贝列语（Kpelle）等。这些语料似乎表明这样一个语言类型学的特征倾向：与"可让渡领属"相比，"不可让渡领属"更倾向于采用一种更简单、更经济的语言形式，用 Heine（1997：12）的话来说，即"零表达"（zero expression）。

  Haiman（1983）还在文章中谈到汉语中的相关现象。在汉语的领属结构"NP 的 NP"中，Haiman 认为"的"是"领有者"与"被领有者"之间领属关系的标记，在"不可让渡领属"中，这个标记可以无条件地省略不用，而在"可让渡领属"中，省略"的"要受到其他条件的限制。因此，"的"的隐现规律似乎同样间接证明了 Haiman（1983）的假设。

Haiman 的观点在认知语言学领域得到较多积极回应，但受到 Haspelmath（2008，2017）的质疑。Haspelmath 认为领属关系的句法表达所表现出的非对称性并不是"句法象似性"使然，而是经济原则的必然结果，其中使用频率是导致选择使用更经济手段的客观原因。还有一些研究在象似性与经济性原则之间寻找某种平衡，认为二者并不一定完全对立（Devylder 2018）。近年来，国内有学者也开始从这个角度重新观察汉语中的领属结构，认为汉语确实存在"不可让渡领属"与"可让渡领属"的形式对立（司富珍 2014）。汉语到底有没有这种形式对立还需要进一步的证据，但是，"不可让渡领属"与"可让渡领属"的语义对立显然是存在的，这种语义对立对形态、句法有一定影响。

2.2 有生领属与无生领属

区分有无生命对人类认知能力的发展至关重要，是我们认识周围世界的基础，对理解人类行为、心理状态，甚至各种生物过程等都有十分特殊的意义。区分有无生命对人类认知具有普遍价值和特殊意义，因此很自然成为塑造人类语言的基本原则之一。

在语言中，有无生命首先体现在"有生性"与"无生性"的对立上。"有生性"是指称对象为人或动物这类词语（尤其是名词）的重要语义特征之一，与"无生性"形成对立，是用来刻画所指对象是否具有生命活力及知觉能力的语义范畴。"有生性"一般表现为所指事物具有的意愿性、感知性、使动性、位移性、自立性等原型施事特征（Dowty 1991；陈平 1994；张伯江 2009）。相反，"无生性"则表现为所指事物的无意识性、依存性、受动性、他动性等原型受事特征。在一些形态变化丰富的语言中，"有生性"与"无生性"的语义对立在语言的形态句法上有明确的标注。例如，在纳瓦霍语（Navajo）中，当"施事"为"有生"，"受事"为"无生"时，需要给动词加一个前缀 yi-；但是，当"施事"为"无生"，"受事"为"有生"时，需要给动词加一个前缀 bi-。如以下例子（改写自 Comrie 1989：193）所示：

（18）a. At'ééd   nímasi   **yi**-díílíd
         girl   potato   burnt
    'The girl burnt the potato.'（姑娘烧土豆。）
    b. At'ééd   nímasi   **bi**-díílíd
         girl   potato   burnt
    'The potato burnt the girl.'（土豆把姑娘烫着了。）

再如，在汉语中，与"被"字句相类似的被动句式还包括"由"字被动句、"让"字被动句、"叫"字被动句等等。其中，只有"被""让""叫"后面

的名词短语既可以是"有生的",也可以是"无生的",而"由"后面的名词短语只能是"有生的"。试比较:

(19)"被"字句
  a. 他被火烫伤了。(无生) b. 他被小偷扎伤了。(有生)
(20)"让"字被动句
  a. 他让火(给)烫伤了。(无生) b. 他让小偷(给)扎伤了。(有生)
(21)"叫"字被动句(刘月华 2010:754)
  a. 帽子叫一阵风吹跑了。(无生) b. 坏话叫老板听见了。(有生)
(22)"由"字被动句
  a.*报告由钢笔来写。(无生) b. 报告由小王来写。(有生)

  除了"有"与"无"之间的对立外,生命性还可能被描述为一种具有程度高低的语义属性。Comrie(1989:185)把"生命性"定义为一个生命度由高到低的等级:人类>动物>无生命物。

  生命性等级的刻画并非只有一个标准或刻度。有的可能更粗糙,如只有人类与非人类的对立,或动物与无生命物的对立;而有的则可能刻画得更精细,例如,Foley & van Valin(1985:288)根据名词短语的句法语义属性,建立了一个比 Comrie(1989)更精细的生命度等级:说话者/受话者>第三人称代词>指人的专有名词>指人的普通名词>其他有生名词>无生名词。

  在"领属"概念框架中,生命性是维系事物之间领属关系的重要语义属性之一,因此,领属关系的表达受到生命性的影响(黄成龙 2013;刘正光等 2018)。在一种领属关系中,如果一物为有生[+animate],一物为无生[-animate],那么,有生之物一般为"领有者",而无生之物一般为"被领有者"。这样的区分在所有的语言中表现为"领有者"名词与"被领有者"名词具有不同的形态特征或句法分布。例如,在修饰性领属结构中,一般都是用特定的形态标记来标注"领有者"身份。修饰性领属结构一般是由两个名词短语以某种方式并置用以表达"领属关系"的名词短语,在这个名词短语中,一个名词短语为中心语,另一个为修饰语。这两个名词短语有两种并置方式,以"玛丽的书"的英语表达式为例,在 Mary's book 中,修饰语 Mary 后加词尾附着语素 -s,该附着语素为"属格"标记;在 a book of Mary's 中,用介词引介"领有者",整个介词短语作后置修饰语修饰中心语 book。

  需要指出的是,并非所有的语言都对"领有者"予以标注。例如,丹麦语(Danish)有时不标注"领有者",也不标注"被领有者"。如以下例子所示:

(23) Mary bog（丹麦语）
　　　Mary book
　　　'Mary's book'（玛丽的书）

　　另外，有些语言只对中心语标注，而不标注"领有者"。例如，在阿拉伯语中，如果一个名词所指被人领有，则这个名词需要在形式上标记这种被领有的状态以区别于未被领有的状态，因此，"领属关系"在这类语言中以名词的"建构态"（construct state）来表示。建构态现象在闪族语系中十分普遍，包括阿拉伯语、古希伯来语、叙利亚语、古埃及语等。如以下例子所示：

(24) kitab　mari（阿拉伯语）
　　　book.con　Mary
　　　'Mary's book'（玛丽的书）

　　尽管有些语言采用"建构态"的"领属关系"表达方式，但是，世界上绝大多数语言都是在其领属结构中对"领有者"予以标注。"玛丽的书"是自然的，而"书的玛丽"则不可接受，在汉语中如此，在其他语言中亦如此。为什么要选择标注"领有者"，而不是"被领有者"呢？Langacker（2009）认为，"领属关系"是一种认知参照点关系，人们借以在两个事物之间选择其中之一作为参照点来建立在心理上通达另一事物的通道。建立认知参照点关系是人类最基本的认知能力，在这个过程中，选择谁为参照点不是随机的，而是有认知理据的。一般而言，具有认知凸显性的、有更高可及性的（accessible）事物往往被选为参照点，如有完型特征的、动态的、有生的事物比没有完型特征的、静态的、无生的事物更可能被作为认知参照点。在典型的"领属关系"中，由于"领有者"往往是"有生的"，"被领有者"往往是"无生的"，因此，人们自然就会选择"有生的领有者"作为认知参照点。

2.3　暂时性领属与恒久性领属

　　"领属"的语义刻画还涉及时间维度。在区分"不可让渡领属"与"可让渡领属"的基础上，本文进一步区分了"暂时性领属"与"恒久性领属"（Stassen 2009）。例如：

(25) Look out! That guy has a knife!（小心！那个家伙有刀！）

　　假设有人打架斗殴，旁边有人说出这句话。很明显，说话的目的并不是要告诉周围的人这把刀属于"那个家伙"，而是提醒"有刀"的危险——"那个家伙"在此时此刻对刀的控制（不仅占有而且使用）可能造成的不利后果，这显然与刀到底属于谁没有多大关系。"暂时性领属"的特点在于，在这种领属关系中,"领有者"仅在特定时间内因特定的事由临时获得对"被领有者"的控制使用,而不是对"所有权"的享有。正因为如此,在提醒"有刀"的危险时,人们一般不会强调"领有者"与"被领有者"之间可能存在的"恒久性领属"关系而这样去说:

(26) Look out! That guy **owns** a knife!(小心!那个家伙**拥有**一把刀!)
(27) Look out! The knife **belongs to** that guy!(小心!刀**属于**那家伙!)

相反,人们更有可能强调"暂时性领属"以达到提醒的语用目的:

(28) Look out! The knife is still in his hand!(小心,刀还在他手上!)

由此可见,"所有权"刻画的是"恒久性领属",而"控制使用"更多刻画的是"暂时性领属"。需要指出的是,在大多数语言中,"恒久性领属"关系都有形式上的标记——无论是形态的,还是句法的,而"暂时性领属"关系一般没有形式上的标记。例如:

(29) a. 他的书　　　　b. 他有一本书。

在汉语中,以上句子一般表示一种"恒久性领属"——"书是他的",而不会用来表示"暂时性领属",如"书是他借图书馆的"或者"他有的一本书是别人的"。正因为如此,在领属表达式中,如例(30),这种"恒久性领属"的语义一般而言是不可撤销的。因此,下面的说法在语用上就显得有点不适合:

(30)？他的书卖得好,但书不是他的而是老王的。
(31)？他有一本书,但书不是他的而是老王的。

对于"不可让渡领属"而言,领属关系更多是恒久的。因此,"不可让渡领属"中的这种"恒久性领属"同样是不可撤销的。下面例句在语用上显然也是不适合的:

(32)？这是老王的儿子,但他不是老王的儿子而是老张的儿子。

在更多情况下,"恒久性领属"是一种语用蕴含义,而"暂时性领属"是一种语用预设或前提。例如:

(33) 他在看书。

此句显然不是针对"领属关系"的表达,但是,他所看的那本书一定是"暂时"受到"他"的控制,句子很显然是以"暂时性领属"为预设或前提,而"恒久性领属"完全是"暂时性领属"这个预设或前提所具有的语用蕴含义。具体而言,"他在看书"预设了"他"对"书"的"暂时性领属"关系,同时,这个预设蕴含了"他"对"书"的"恒久性领属"这一层意思。由于"恒久性领属"属于一种语用蕴含义,因此,它是可以撤销的。请看下面例子:

(34) 他在看我的书。
(35) 他在看书,书是我的。

以上两句分别用了"我的书"与"书是我的"来明确"我"对"书"的"恒久性领属"关系,从而撤销了"他在看书"一句中"他"对"书"的"恒久性领属"的语用蕴含义。

因此,当有人说出例(36)这句话时,他并不是想要把自己的书送给别人,而仅仅是让他人临时阅读一下而已。

(36) 你可以读我的书。(You can **have** my book.)

请注意英文句子中用的动词 have,在此处,"领有者"对"被领有者"的控制显然是偶然性的、临时性的,而不是必然的、恒久性的控制,因为或许说话人还期待着听话人把书读完后还回来。

2.4 具体领属与抽象领属

"具体领属"是指事物或人作为"被领有者"与"领有者"之间的领有与隶属关系,相反,如果"被领有者"不是实实在在的物或人,那么这种领属就是"抽象领属"。比如,在英语中,动词 have 的宾语既可以是具体名词,也可以是抽象名词:

(37) I have a book.
(38) A tree has leaves.
(39) You have a cold.
(40) Bill has a good job.
(41) I have time to finish my work.
(42) We have a lot of problems.

对于一般的"具体领属"而言,"领有者"与"被领有者"之间的这种"领属关系"是前者通过操控后者而实现的。例(37)为"具体领属"关系,因为"被领有者"(book)为"领有者"(I)所控制而隶属于后者。对于例(38)而言,虽然"领有者"(tree)不实施行为控制"被领有者"(leaves、root、branches 等),但后者可能作为一种物理存在被其他潜在的"领有者"所控制而改变隶属关系。因此,例(38)表示的仍然是一种"具体领属"。总而言之,具体领属关系中的"被领有者"一定具有被处置的潜在性,即使"领有者"不具有处置的能力和意愿。然而,对于例(39)—(42)而言,"被领有者"显然均不具有任何物理属性,而更多是观念上的东西,没有任何性状,不占据空间,也没有重量、颜色、温度。因此,无法针对其进行物理意义上的实质性操控行为,比如,改变其性状,或者改变其空间位置,将其进行让渡处理等,这就是"抽象领属"。

对大多数语言来说,"具体领属"与"抽象领属"的语义对立一般不存在语言形式上的对立。从以上例子可以看出,在英语中,这种语义对立并没有引起相关词汇的形态变化,也没有造成句法上的变化。但是,在面对词汇搭配时,"被领有者"名词可能会因为这种语义对立而选择不同的动词与之搭配。比如,对于例(37)和例(38)而言,可以用动词 own(拥有)替换 have,还可以用 belong to(属于)进行相应的转换,领属关系依然保持不变,但是例(39)—(42)均不能作如此的替换和转换。汉语也有类似的情况。例如:

(43)我有一本书。→有一本书是我的。
(44)学校有图书馆。→图书馆是学校的。
(45)他有个好主意。→*有个好主意是他的。
(46)他有病。→*病是他的。

另外,在汉语中,与"领属"义相关的动词除了动词"有"之外,还包括由表示领有义的词素"有"与其他语素组合而成的复合词,如拥有、持有、占有、领有、具有、据有等。这些动词在使用时选择什么样的名词作宾语要受到语义限制。例如,"占有"只能与"具体的被领有者"名词共现,而"具有"只能与"抽象的被领有者"名词共现。

总而言之,我们看到相关次级语义范畴特征对"领属关系"的性质有十分明显的影响,同时对形态句法也具有一定制约。需要指出的是,这些范畴特征并不是"领属"概念空间的全部内容,在一些语言中,很可能还有其他相关的次级语义范畴特征会左右"领属关系"的性质和形态句法。下面我们专门讨论汉语中的一种特殊句式——"领主属宾句",考察一种动态"领属关系"的语义表达如何制约句法结构,从而使汉语在领属关系句法表达方面表现出独特的类型特征。

3. "领主属宾句"的句法结构

在汉语中,有一种十分特殊的句式,往往蕴含着某种"领属关系"的语义表达。例如:

（47）王冕死了父亲／老王掉了一颗牙／老王跑了一只兔子／桌子坏了一条腿／图书馆进了一批新书／教室安了新黑板

郭继懋（1990）谓之"领主属宾句"，认为其主语是"领有"的一方，宾语是"隶属"的一方，主语与宾语之间具有一种稳定但隐性的"领有—隶属"关系。"领主属宾句"代表不同的"组织句子的方式"，通常表示"一件有明确的陈述价值或者说确有必要加以陈述的事情，也即一件对主语来说比较重要的事情"（郭继懋 1990：27）。《领主属宾句》一文的发表极大地推动了汉语语法学界对"领属关系"句法表达的研究，其中比较有特色的研究有"名词配价说"（袁毓林 1994，1998）、"分裂领属说"（沈阳 1995，2001）、"领有格提升说"（徐杰 1999）、"格传递说"（韩景泉 2000）、"特征核查说"（温宾利、陈宗利 2001）、"非宾格动词说"（潘海华、韩景泉 2005；胡建华 2008）、"轻动词说"（孙晋文、伍雅清 2003；朱行帆 2005；李杰 2009）、"类推糅合说"（沈家煊 2006，2009）、"构式观"（任鹰 2009；张翼 2010；吕建军 2013）、"系统功能观"（邓仁华 2018；黄国文 2018；杨炳钧 2018）等。[1]

"王冕死了父亲"成为汉语语法研究中一个经久不衰的话题，这本身就是一个值得认真思考的问题——为什么它一直都是汉语语法研究中的"明星句"？这在很大程度上归因于这个句子及相关语言现象对现有的各种语法理论而言显得格格不入，它们构成了语法理论，尤其是现代句法理论难以很好解释的"问题现象"，是汉语中的"疑难杂症"。现代句法理论大多采用以动词为中心的句法投射理论视角，其核心要义是：一个句子的结构特征是词汇语义特征的投射，其中动词的语义特征对整个句子的结构特征尤为重要。"王冕死了父亲"这样的句子无疑会给任何以动词为中心的句法投射理论带来不少麻烦，其中所谓的"形义错配"就是各种麻烦的集中体现。面对理论与现实的矛盾与冲突，我们不能说语言现象有问题，而只能说理论本身有问题——以动词为中心的现代句法理论显然还不能把这些"问题现象"概括进去。因此，要刻画"王冕死了父亲"的句法、语义特征，就必须走出"领主属宾句"是一种"形义错配"的认识误区，需要摒弃纯粹以动词为中心的句法分析模式。下面我们从语义—句法层面着手重新审视"领主属宾句"的语义与句法特征。

3.1 动态呈现与背景话题

"领属关系"既可以从静态的角度看，也可以从动态的角度观察。获得或丧失某物就是"领属关系"的动态变化，因此"动态领属"往往与相关事物"有没有"或者"在不在场"密切相关。广义的呈现句表示事物"有"还是"没有"之义，既包括静态的存在，也包括事物的出现或消失，后者可称之为

"动态呈现"。某个东西的出现或消失,就是一个简单的动态呈现事件,在句法上表现为:动态呈现句 = "NP+V-出现/消失"(其中动词一般为不及物动词或非宾格动词)。"V-出现"一般表示的是 NP 所指事物"从无到有"或"从少到多",相反,"V-消失"表示事物"从有到无""由大变小"或"由一种状态变为另一种状态"。例(48)各句表达"出现"义,例(49)各句表达"消失"义。

(48)客人来了/瞌睡来了/门牙长(出来)了/鸟儿飞(来)了/汗水出了/虫儿叫了/儿子生了/产量增加了/火车开了/胆子大了/学生多了/工资发了/薪水加了/河水涨了/高考恢复了

(49)羊死了/书掉了/儿子(走)丢了/腿断了/墙垮了/眼睛瞎了/耳朵聋了/嗓子哑了/腿瘸了/手肿了/苹果烂了/被子破了/眼泪(流)干了/管子锈了/船翻了/灯泡坏了/激情少了/工资降了/钱没了/猫跑了/犯人逃了/小偷溜了/燕子飞了/孩子睡了

事物的"有没有"或"在不在场"始终受特定的时间和空间限制,如果在句子中把时间和/或空间信息表达出来,也就是说,"什么时候或者什么地方出现/消失了什么东西",显然是对呈现事件更为精细的描写。由于时间、空间往往是事件发生的背景信息,在语用上承担话题的功能,这样的句子可称为"背景话题句"(stage-topic sentence),其句法结构为:L/T+V-出现/消失+NP(其中 L 为处所方位词,T 为时间名词)。请看下面例句:

(50)院子里躺着一条大黄狗/屋里飞来一只燕子
(51)泥融飞燕子,沙暖睡鸳鸯。(杜甫·绝句二首)

例(51)中"泥融""沙暖"是两个小句,表达的是时空背景信息,"飞燕子""睡鸳鸯"是主句,表达事物的动态呈现,因此 L/T 并不限于名词。

"背景话题句"可以说是由"动态呈现句"派生而来的。其派生规则可表述为:如果有 L/T 作背景话题,必须对"动态呈现句"作"倒装"的句法操作,即(NP+V)→L/T+(V+NP)。

下面请看"动态呈现句"的变换,变换的结果即为"背景话题句",如下所示:

(52)客人来了→家里来客人了→今天来客人了→家里今天来客人了
(53)羊死了→林子里死了一只羊→昨天死了一只羊→林子里昨天死了一只羊

其实,即使没有处所方位词或时间词,也可以用"V+NP"的语序来描述所发生的事。我们只能把它作为"背景话题句"的一种省略形式,由于时间或处所对交际双方而言都是清楚的,因此就没必要说出来。试比较:

（54）客人来了→来客人了 / 鸡死了→死了（一只）鸡 / 儿子生了→生了儿子

"动态呈现句"与"背景话题句"虽然都是对同一事件的描述，但各自的侧重点不同。首先，"动态呈现句"中的 NP 既可以是有定的也可以是无定的，如果是无标记的光杆名词，则是有定的，如果有标记则是无定的；而在"背景话题句"中，NP 所指一般是无定的，因此它对数量范畴很敏感，有时需要加一个表示无定的数量限定语，定指的 NP 不能用在后一格式中，因此，不能说"死了这只猫"。其次，"动态呈现句"是回答"某个东西或人怎么样了"，这个东西或人是旧信息，信息焦点在于"怎么样"；而"背景话题句"是回答"哪儿发生什么事儿了"，"发生什么事儿"是新信息，也是焦点信息。当然，如果"动态呈现句"中的 NP 为无定时，就和"背景话题句"表达的意思完全一致了，它们都是回答"发生什么事儿了"这样的问题。最后，"动态呈现句"是对事件的描述，是"叙事句"，即"描述事件"；而"背景话题句"并不是叙述事件，而是在宣告什么东西出现或消失，是讲"有无"，是"事态句"。关于事件与事态的区别与联系，我们将另文讨论。

3.2 话题领属句

最后我们来看"领主属宾句"的句法语义属性。我们认为，"领主属宾句"在句法上不是"主谓宾"结构，而是"话题领属句"，其句法结构可描写为：话题领属句 $=NP_{\text{-Topic}}\,[\,\text{Clause}\,(V+NP_{\text{-subject}})\,]$。这一结构是典型的"主谓谓语句"句式，也就是说，句子的主语是话题名词短语（$NP_{\text{-Topic}}$），谓语则由一个小句承担，只不过这个小句是主谓倒装的形式（$V+NP_{\text{-subject}}$）。这个主谓倒装的小句是否与前文所说的"背景话题句"是一回事儿，都是从"动态呈现句"派生而来的呢？我们认为这种可能性很大。请看以下例句，注意不同句式之间的变换关系：

（55）a. 一只羊死了。（动态呈现句）
　　　b.（昨天林子里）死了一只羊。（背景话题句）
　　　c. 老王死了一只羊。（话题领属句）

一个基本的事实是，这三个句式所描述的事件只有一个，那就是"羊死了"。"羊死了"这个事件由"动态呈现句"就可以说清楚，其余两句分别就"羊死了"这一事件进行了更精细的描写，其中例（55b）增加了"羊死了"发生的背景信息（时间和地点）。从逻辑上来说，例（55a）和例（55b）没有多大的差别，它们都是对一个"一元关系"的表达，即"Y 出现/消失"。而例（55c）不仅增加了"羊是谁的"这样的信息，整个句式还提供了一种"丧失"或"获得"的句式义，因此，"话题领属句"表达的不是"一元关系"，而是"二元关系"，即"X 获得/丧失 Y"。

由此可见，"话题领属句"表达一种动态领属义，即"获得"或"丧失"某物。具体来说，对于话题主语名词 NP_{-Topic} 所指而言，小句主语名词 $NP_{-subject}$ 所指的"出现"或"消失"，意味着前者对后者的"获得"或"丧失"。因此，NP_{-Topic} 与 $NP_{-subject}$ 在语义上就动态地表现为一种"领有—隶属"关系。

"话题领属句"与"背景话题句"的区别还体现在动词前面的名词短语的句法功能上。在"背景话题句"中，处所方位词或时间词虽然是话题，如例（55b）的"昨天""林子里"，但在句法上是内在论元（internal argument），从严格意义上来说，这不是一个真正的话题，它与动词有直接的联系，表达事件发生的环境信息，在句法上将其分析为附加语似乎更适合。而在"话题领属句"中，动词前面的名词短语，如例（55c）的"老王"虽然也是话题，但它却是一种外在论元（external argument），"老王"并未参与到"死羊"这一事件中。之所以说"老王"是外在论元，是因为"老王"与"死羊"这个事件的主角（即"羊"）有一种间接的获得性"领属关系"——某物出现，那么，利益攸关者或可领有该物，相反，某物消失，利益攸关者则丧失对其所有。所以，我们可以把"他有一只羊"这样的句子称为"直接领属句"，由于"直接领属句"表示的领属关系是静态的，也可称为"静态领属句"。"他死了一只羊"这样的"话题领属句"称为"间接领属句"，"间接领属句"表达领属关系的"获得"或"丧失"，同时"领"与"属"在句法上处于分裂状态，因此是一种"分裂领属"。

总而言之，在汉语中，"动态领属"可以用分裂领属结构来表达。在分裂领属句中，一个东西"Y"的所有者"X"作为话题，该东西的出现和消失是一个述题（comment）。因此，"领主属宾句"的句法结构不能简单地用主谓关系来刻画，它是句法与语用的融合，其中动词前的名词短语作为话题，而话题后面部分的主谓倒装结构"动态呈现句"或"背景话题句"，则用以说明某物的出现或消失对作为话题的名词所指的影响。

4. 结语

"领属关系"虽然是具有语言普遍性的一种语义范畴，但是，不同语言在表达这一语义范畴时可能表现出各自的特殊性。本文从跨语言比较的语言类型学视角考察了几对涉及"领属"范畴形式表达的次级语义特征，对"领属"范畴进行比较全面、系统的语义刻画。"领属"范畴的形态句法表达受到的限制在很大程度上来自这些具有细微差别的次级语义特征，从而使语言表现出相应特定的类型特征，同时也从侧面说明了语言的形式不可避免要受到文化、社会、认知等因素的制约。对汉语而言，领属关系的句法表达尤其具有特色，主要体现在不仅有一般次级语义范畴的表达，更重要的是以一种特殊的句式来表达一种动态领属关系，即"获得"或"丧失"之义，在句法上表现为"领"与"属"分裂的"话题领属"结构，体现了汉语领属关系在句法表达上独有的类型特性。

注　释

1　在郭继懋（1990）之前，对"王冕死了父亲"的研究还有"话题观""句式观""动词配价增补说"等解释。刘探宙（2018）、杨炳钧（2018）对相关研究作了全面系统的回顾和梳理。

参考文献

Chandra, P. & R. Kumar. 2012. Alienable-inalienable possession distinctions: From syntax to semantics [J]. *Indian Linguistics* 73: 35-45.

Comrie, B. 1989. *Language Universals and Linguistic Typology: Syntax and Morphology* (2nd ed.) [M]. Chicago: University of Chicago Press.

Devylder, S. 2018. Diagrammatic iconicity explains asymmetries in Paamese possessive constructions [J]. *Cognitive Linguistics* 29: 313-348.

Dowty, D. 1991. Thematic proto-roles and argument selection [J]. *Language* 67: 547-619.

Foley, W. A. & R. D. van Valin. 1985. Information packaging in the clause [A]. In T. Shopen (ed.). *Language Typology and Syntactic Description: Volume I: Clause Structure* [C]. Cambridge: Cambridge University Press. 281-364.

Haiman, J. 1983. Iconic and economic motivation [J]. *Language* 59: 781-819.

Haspelmath, M. 2008. Frequency vs. iconicity in explaining grammatical asymmetries [J]. *Cognitive Linguistics* 19: 1-33.

Haspelmath, M. 2017. Explaining alienability contrasts in adpossessive constructions: Predictability vs. iconicity [J]. *Zeitschrift für Sprachwissenschaft* 36: 193-231.

Heine, B. 1997. *Possession: Cognitive Sources, Forces, and Grammaticalization* [M]. Cambridge: Cambridge University Press.

Jones, J. 2016. Animacy and Alienability: A Reconsideration of English Possession [D]. Ph.D. dissertation. Lynchburg: Liberty University.

Langacker, R. W. 2009. *Investigations in Cognitive Grammar* [M]. Berlin: Mouton de Gruyter.

Lehmann, C. 1998. *Possession in Yucatec Maya* [M]. Munich: LINCOM.

Miller, G. A. & P. N. Johnson-Laird. 1976. *Language and Perception* [M]. Cambridge: Harvard University Press.

Seiler, H. 1983. *Possession as an Operational Dimension of Language* [M]. Amsterdam: John Benjamins.

Stassen, L. M. H. 2009. *Predicative Possession* [M]. Oxford: Oxford University Press.

Taylor, J. R. 1989. Possessive genitives in English [J]. *Linguistics* 27: 663-686.

陈　平，1994，试论汉语中三种句子成分与语义成分的配位原则 [J]，《中国语文》（3）：161-168。

邓仁华，2018，"王冕死了父亲"的系统功能语言学阐释 [J]，《现代外语》（2）：186-196。

郭继懋，1990，领主属宾句 [J]，《中国语文》（1）：24-29。

韩景泉，2000，领有名词提升移位与格理论 [J]，《现代外语》（3）：261-272。

黑格尔，2011，《小逻辑》[M]，贺麟译。北京：商务印书馆。

胡建华，2008，现代汉语不及物动词的论元和宾语——从抽象动词"有"到句法—信息结构接口 [J]，《中国语文》（5）：396-409。

黄成龙，2013，羌语中的生命度等级序列 [J]，《汉藏语学报》（7）：25-43。
黄国文，2018，"王冕死了父亲"的系统功能句法分析 [R]。第二十五届功能语言学与语篇分析高层论坛暨第二届功能语言学与汉语研究高层论坛主旨报告，湖北武汉，2018年6月。
李　杰，2009，试论发生句——对隐现句和领主属宾句的句式意义的重新审视 [J]，《世界汉语教学》（1）：65-73。
刘探宙，2018，《说"王冕死了父亲"句》[M]。上海：学林出版社。
刘正光、任　远、钟丹凤，2018，领属关系的生命度制约 [J]，《外国语》（4）：30-43。
陆俭明，2005，《现代汉语语法研究教程（第三版）》[M]。北京：北京大学出版社。
吕建军，2013，"王冕死了父亲"的构式归属——兼议汉语存现构式的范畴化 [J]，《语言教学与研究》（5）：75-83。
潘海华、韩景泉，2005，显性非宾格动词结构的句法研究 [J]，《语言研究》（3）：1-13。
任　鹰，2009，"领属"与"存现"：从概念的关联到构式的关联——也从"王冕死了父亲"的生成方式说起 [J]，《世界汉语教学》（3）：308-321。
沈家煊，2006，"王冕死了父亲"的生成方式——兼说汉语"糅合"造句 [J]，《中国语文》（4）：291-300。
沈家煊，2009，"计量得失"和"计较得失"——再论"王冕死了父亲"的句式意义和生成方式 [J]，《语言教学与研究》（5）：15-22。
沈　阳，1995，领属范畴及领属性名词短语的句法作用 [J]，《北京大学学报（哲学社会科学版）》（5）：85-92。
沈　阳，2001，名词短语分裂移位与非直接论元句首成分 [J]，《语言研究》（3）：12-28。
司富珍，2014，"赵本山的爷爷"和"赵本山的帽子"——漫谈汉语中的两种领属结构 [J]，《语言教学与研究》（2）：43-51。
孙晋文、伍雅清，2003，再论"领有名词提升移位" [J]，《语言科学》（6）：46-52。
温宾利、陈宗利，2001，领有名词移位：基于MP的分析 [J]，《现代外语》（4）：413-416，412。
徐　杰，1999，两种保留宾语句式及相关句法理论问题 [J]，《当代语言学》（1）：16-29。
杨炳钧，2018，"王冕死了父亲"的概念语法隐喻视角 [J]，《浙江外国语学院学报》（5）：96-104。
袁毓林，1994，一价名词的认知研究 [J]，《中国语文》（4）：241-253。
袁毓林，1998，《汉语动词的配价研究》[M]。南昌：江西教育出版社。
张伯江，2009，《从施受关系到句式语义》[M]。北京：商务印书馆。
张　翼，2010，"王冕死了父亲"的认知构式新探 [J]，《解放军外国语学院学报》（4）：17-20，86。
中国社会科学院语言研究所词典编辑室（编），2016，《现代汉语词典（第7版）》[C]。北京：商务印书馆。
朱行帆，2005，轻动词和汉语不及物动词带宾语现象 [J]，《现代外语》（3）：221-231。

作者简介
成　军，西南大学外国语学院教授，外国语言学与外语教育研究中心研究员。主要研究领域：认知语言学、理论语言学、语法学等。
电子邮箱： chengjun929@hotmail.com

中国手语放置动词认知研究*

西南大学 李 恒；北京联合大学 吴 铃

提要：本文主要考察中国手语放置动词的句法和语义特征，研究结果显示：1）中国手语中的［背景］成分通常置于句首，［焦点］和［运动］元素编码在同一个手形中，［路径］成分则通过手形的移动来体现；2）中国手语放置动词的选取受到放置对象物理特征和施事者意图的限制；3）"实物类"和"操持类"放置动词在数量和使用上的差异与认知经济性原则有关，从词汇化模式来看，前者属于［运动＋焦点＋路径］，后者则是［运动＋焦点＋次事件］。同时，本文简要讨论了研究结果对聋人学习汉语及听人学习中国手语的启发意义。

关键词：放置动词；参照点；实物类标记；操持类标记；认知经济性

1. 国内外放置动词研究回顾

在各类运动事件中，放置事件（putting events）几乎存在于各种语言，也是儿童在语言习得时较早学会的事件之一（Slobin et al. 2011）。"放置（或置放）动词"这一概念最早由 Levin（1993）提出，属于英语 10 个小类动词及其对应变式中的第 9 类。然而 Levin 并没有明确提出该类动词的归类条件和标准。近年来，国外语言学界主要在事件语义学视野下研究不同语言中放置动词的共性及变异限度。在有声语言层面，Slobin et al.（2011）发现，英语作为一种卫星框架语言，放置事件中的"路径"主要通过小品词（如 put the pencil in）或介词短语（如 put the pencil in the box）来表达；而动词框架语言放置事件中的动词可以同时包含"运动"和"路径"两个语义成分，如 put ... in 结构在西班牙语中只用 mete 一个动词就能表达。另外，有研究者发现伴语手势（co-speech gesture）中也存在该种差异。Gullberg（2011）提出，法语操持者表达放置事件

---

* 本文受到重庆市教育科学"十四五"规划 2021 年度重点课题"新冠肺炎疫情背景下聋人心理危机以及综合干预机制研究"（课题编号：2021-GX-103）的资助。

时所使用的手势往往宽泛地表达动作的路径，荷兰语使用者则倾向于具体地表现运动焦点的形状。这与法语较常使用一般性放置动词 mettre（put）和荷兰语甄别性地使用 zettan（set/stand）和 leggen（lay）等具体放置动词是一致的。

国内语言学界对放置动词的研究多从配价理论出发，讨论其语义特征和句法选择。徐峰（1998）设定了 $NP_1+V+（P）Loc+NP_3$（如"小王放桌上一本书"）和 $NP_1+PLoc+V+NP_3$（如"小王往桌上放一本书"）两个语法框架作为放置类动词的过滤装置。张宝胜（2003）认为徐峰（1998）将处所成分作为放置动词的判定条件的说法失之过严，有可能将放置类动词排除在外。例如，通过"我挂了一幅画"推导不出"我"究竟在何处（如墙壁、房间等）挂画，但"挂"却是典型的放置类动词。此外，考虑到一些伪置放类动词（如洒、扔等）也能进入上述框架，我们可以进一步提出附加条件，将该类动词后接的处所成分规定为动作过程所蕴含的构成事件的要素，而伪置放类动词的处所却无法从动词含义中推导出来，例如从"X 扔 Y"推导不出"X 将 Y 扔到某处"，两个命题结构之间没有实质蕴含关系。

也有学者从概念框架角度出发，讨论放置动词和变式之间的对应关系。程琪龙、乔玉巧（2010）认为，放置事件图式必须包含"使动者""对象客体""终位"三个参与者和"使动者的抓控动作""对象客体的移动""放弃控制对象客体，使之处于终位"三个时空变化关系。放置动词的两个最基本语义特征是：1）动作完毕后对象客体处于终位；2）对象客体的移动始终由使动者控制。虽然该图式较为全面地描述了放置事件的基本特征，但第二条特征描述却有失精准，应当加上"动作完毕前"这个前提。如果在放置动作完成后，对象客体的运动依然由主体决定，则不应属于放置动词。

目前对放置动词最全面的研究当属由 John Benjamins 出版社于 2012 年出版的《放置事件和移除事件：一种跨语言的视角》(*Events of Putting and Taking: A Crosslinguistic Perspective*) 一书。该书考察了 19 种有声语言的操持者对放置事件的认知编码。但遗憾的是，包括该书在内的众多研究都甚少对手语中的放置动词进行探讨。从中国手语研究来看，先前的研究主要从宏观层面入手，宽泛地研究聋人对静态和动态运动事件的编码（李恒、吴铃 2013a；吴铃、李恒 2014），较少关注某一类具体运动事件的手语表达模式。鉴于此，本文以放置动词为研究对象，尝试从认知角度考察中国手语放置动词的句法和语义特征。

2. 汉语和中国手语放置事件的认知对比

Lakoff & Johnson（1980）认为，人类的概念结构来自感觉动知系统（sensorimotor system）的体验。手语作为一种主要利用手部动作空间变化的视觉性语言，同样是人类身体结构与客观世界相互作用的体验产物。Wilcox &

Morford（2007）指出，人类用于理解有声语言和手语的认知能力相差不大，都是对离散且有结构的临时符号串的在线加工与产出。目前学界也已普遍认同"手语是一种真正的自然语言"这一观点，将其作为语言学研究的有机组成部分（李恒、吴铃 2013b）。与此同时，手语必须通过手势表达和视觉信号传导信息，这与口语通过发音器官发声，然后通过听觉系统捕捉语言信号的方式大为不同，因此二者在进行语义编码时又存在差异。Talmy（2003）指出，从表达特点来看，手语对各类图式作了更为细致的划分，包含的运动空间元素更为丰富，对空间结构的表达也更忠实于视觉感知层面。

本文研究的放置动词来自自建语料库。吴铃在 2000 年到 2012 年期间利用各种会议、专访、听课和课堂教学，采集到北京、天津、江苏、四川和福建等十余个省市近百名聋人的手语录像资料。采集的对象均为使用自然手语的聋人，90% 是聋人教师和聋人大学生，另有 10% 是其他行业的聋人。语料大都是意思完整的手语篇章，包括演讲发言、课堂教学等。在语料的选取和处理上，为了表现中国自然手语的特点，研究者重点剪辑了 600 多个与汉语在词汇或句法上存在差异的句子。为了使手语句子能够静态地呈现出来，研究者对录像中的句子进行了截图，依据截图的手势和语序，用简笔画转写出手语句子。

出于对比和叙述的考虑，本文首先考察汉语和中国手语放置事件的异同。根据《现代汉语词典》，"放置"一词被定义为"使物件处于一定的位置"。在日常口语中，一般将其简化为"放"。我们在《中国手语（修订版）》（图 1）和聋人使用的手势汉语（图 2）中找到了"放"的对应打法。基本手势为"手部虚握，然后同时向前放开五指"，但二者的语义与汉语中的"放"并不对等，表达的含义更像是"放弃"，即把一个东西丢掉。该打法也恰好与本文采集到的中国自然手语"放弃"一词的打法吻合（图 3）。基于此，本文在讨论中国手语中的放置类动词时，并不追求与汉语的字面对应，而是找寻与其语义对等的词汇，即满足"动作完毕后对象客体处于终位"和"动作完毕前对象客体的移动始终由使动者控制"两条语义特征的动词。

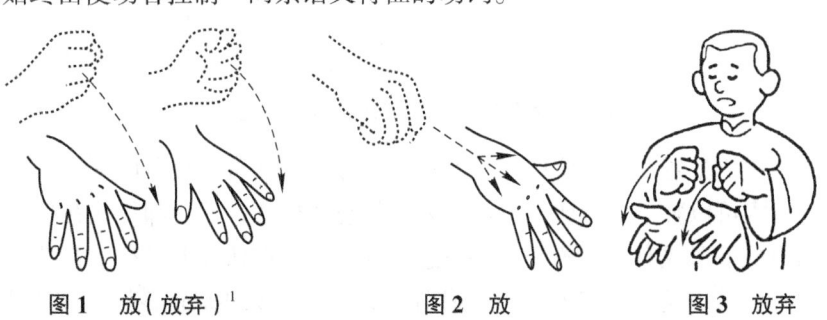

图 1　放（放弃）[1]　　　图 2　放　　　图 3　放弃

Talmy（1975）提出，世界上任何语言的运动事件都可以用六种最基本的语义要素（或称语义成分）进行描述。这些语义成分包括：[焦点]（figure）、[背景]（ground）、[运动]（motion）、[路径]（path）、[方式]（manner）和[原因]（cause）。值得注意的是，上述六种语义成分未必会同时出现在任何一个事件表达中。汉语"放置事件"的基本图式可以概括为图4。

```
焦点      运动      路径      背景
 ↓         ↓         ↓         ↓
铅笔       放        入        盒子
```

图 4　汉语"放置事件"的基本图式

现代汉语的放置动词属于方向性复合动词（directional verb compounds），如"放下来"包含三个动词，每一个动词编码放置事件中的不同语义成分。"放"表示运动方式，"下"表示运动路径，"来"则表明运动主体与指称中心二者空间关系的变化。汉语放置事件表达具有较高的顺序象似性。例如，在"她把书塞进书包里"中，句子结构的展开主要依据[焦点]的移动轨迹。[焦点]成分"书"首先被激活，因此其位于句子较为靠前的部分。"书包"表示对象客体最终的位置，是[背景]成分，出现顺序较晚，重要性也较低。汉语甚至存在不带处所的放置事件，如"我挂了一幅画"。

与汉语不同的是，中国手语中放置事件的[背景]成分通常置于句首，[焦点]和[运动]成分编码于同一个手形中，再以手形的移动表现[路径]成分。例如，汉语"我在头上缠了一圈纱布"在中国手语中的对应表达为"在头上，我缠了纱布，一圈"，基本图式可以表示为图5。

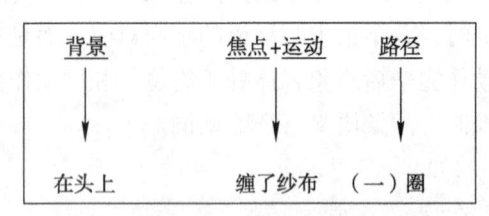

```
背景      焦点+运动      路径
 ↓           ↓            ↓
在头上     缠了纱布      （一）圈
```

图 5　中国手语"放置事件"的基本图式

中国手语放置事件之所以将[背景]成分置于句首，是考虑到认知上的自主性。聋人可以独立地形成有关放置处所信息的概念，然而却无法在独立于该信息的情况下形成有关放置动词的概念，因此后者在认知上具有依存性。概念自主的[背景]成分能够为目标的识别提供可靠有效的提示信息，即放置处所对放置动词的打法有语义限制作用。例如，在打中国手语"缠"这一放置动词时，必须首先知道"缠"的处所，[背景]成分决定了两者手势在运动方式和路径上的不同。图6和图7分别表示将纱布缠在"头"和"胳膊"上，"缠头部"的打法是四指并排表示宽的纱布；如果是"缠胳膊"，五指捏紧表示细的纱布，前者的运动路径大于后者。

图6（头）缠　　图7（胳膊）缠

Chen（2012）指出，汉语放置动词的选取主要有以下四个标准。1）放置物体的操作方式。使用手或其他身体部位进行放置时要使用不同的动词，如"放"和"叼"。2）放置对象的物理特征。例如，在表示"将物体放入较为狭窄的空间"时，若放置对象较坚硬，通常使用"插"；若放置对象较柔软，则会选取"塞"。3）施事者的意图。例如"放"和"扔"，后者表示主观上的放弃。4）工具的种类。例如，与依靠徒手的"放"相比，"灌"需要借助水管或水壶等工具。

对语料的分析表明，中国手语放置动词的选取主要受限于以下两个语义条件。1）放置对象的物理特征（如形状、大小和粗细等）。如果放置对象是"木头"，"扛"就是双手呈C手形，木头的粗细决定手形开口的大小；如果扛的是"行李"，则双手呈5手形，一手上、一手下扶着"行李"。由于放置对象的语义限制作用，中国手语中的动宾词组常常变成主谓词组，如将"扛木头"变成"木头/扛"。身体标记在其中也起着重要作用。在持续时间较长的放置动词中，还需要借助身体节奏以描摹事物持续的运动（图8）。例如，"扛"常常在打出C手形的同时，全身配合"扛"的节奏重复2—3词。又如在"背书包"的表达中（图9），在双手虚握做出将背带穿上的同时，还需要借助肩部的抖动。2）施事者的意图。当表示主观舍弃的放置，如"扔"时，动作的力度会明显加强，甚至会使用双手表示彻底的放弃，并且配合厌恶的表情。

二者语义允准条件的差异可能是由于中国手语放置动词主要与手部动作有关，因此不涉及汉语第一条语义标准中"身体部位"的影响。另外，在中国手语中，"放置工具的种类"实际上是由"放置对象的基本特征"决定的，例如，

"灌"使用的工具是管子,其实质是由放置对象为液体所决定的,因此可将两条标准合并。

图 8 扛　　　图 9 背

根据以上分析,放置动词的认知过程可以概括为图 10:主体 C(手语使用者)首先对具有较高认知凸显度的[背景]成分(如"头"或"胳膊"等)进行概念化,将其作为起始参照点 R。参照点具有一定的辖域 D,影响手势动作的运动方式和路径。其次,为了完成对指定目标 T(如"缠")定位的认知目的,认知主体以参照点为依据,沿着一定的心理路径与另一个存在于参照点且能够支配的认知辖域内的焦点成分(如"纱布")进行心理接触,放置对象的物理特征和施事者的意图都会对手势动作产生影响,从而最终完成指定目标 T 的认知过程。

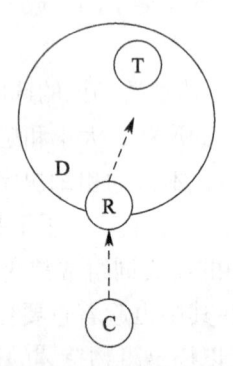

图 10　中国手语放置动词的认知过程(改自 Langacker 2000:174)

3. 中国手语放置动词手形分类以及词汇化模式

Sutton-Spence & Woll(1999)将结合位置、方向和运动等基本要素构成一个谓语的手形称作类标记谓词(classifier predicates)。中国手语放置动词的手形主要包括实物标记谓词/实物手形(entity classifiers)和操持标记谓词/操持手形(handling classifiers),其共同点在于都能编码[运动]成分和[焦点]成分。实物手形是用手部代表所指的整个物体,手形常常用来描述实物的形状或大小，如"倒油"（图11），其打法为"一手伸拇指和小指，拇指向下斜伸，并转一圈"，即用6手形表示长的油瓶，拇指代表开口处，小指代表瓶底。操持手形则是通过对物体或工具操纵方式的描述，以代表指涉物体的手形，如"盛汤"（图12），右手好似操持一把汤勺，从右向左运动，表示从右边的容器舀起，经过一个向上的弧线落在左边的容器中。

值得指出的是，中国手语中的操持类标记放置动词远远多于实物类标记放置动词，两种手形在数量上存在较大差异。对于数量差异形成的原因，学界的主流观点是将其归因于手语形成时间的长短。在历时较短的手语中，实物标记谓词的数量会少于操持标记谓词。因为随着时间的推移，手语的语法化趋势会渐趋明显，类标记谓词中的固定表达也会越来越多。实物手形作为一种再现实物特征的手段，更容易被人们所理解，因此固化的可能性较高。例如，Aronoff et al.（2003）发现，和具有200年历史的美国手语相比，以色列手语中实物标记谓词的数量较少。中国手语形成的时间同样较短，从1887年中国第一所聋校教授的赖恩手势算起，中国手语发展不过百余年，因此操持标记谓词数量多于实物标记谓词。然而，由于缺少对早期中国手语数据的分析，并不能就此断定两种类标记谓词数量的差异一定与中国手语的形成时间有关。除此之外，目前也有证据表明，类标记谓词与手语历史并无直接联系。Nyst（2007）指出，加纳的阿达摩罗贝手语虽然历史悠久（约200年），在该种手语中却没有找到任何实物标记谓词。

即使社会历史因素会对手形的选择和数量造成影响，这种解释仍不够本质，既不能说明操持手形和实物手形分化的动因，也不能解释为何随着手语存在时间的增加，实物标记谓词的数量随之增加。本文认为，这主要与语言的认知经济性相关。在语言的使用过程中，人们往往使用最简洁的语言表达，以获得最大的认知效果。如果将表示"倒油"的实物手形换成"从容器倒出液体"操持标记中的C手形，就必须在放置动作前多加一个表示"油"的6手形，两个手形之间不易转换。另一个实物标记谓词"加盖"的打法（图13）为"5手形平伸，掌心向下，表示盖子向下运动"，编码从上至下的运动［路径］。

与此同时，操持手形也无法换成实物手形。中国手语中"玉米"一词的打法为一手五指撮合，如玉米棒子，放在嘴前转动，属于典型的操持手形，用动作代表实物，是一种转喻。如果将"放玉米"（图14）分解为两个操持手形的叠加，手势之间难以转换，不符合认知经济性。基于以上事实和分析，可以得出两个规律：1）如果放置对象可以用自由移动的实物手形来表示，那么当其与放置动词搭配时，会优先选用该实物手形，使用不同的［路径］成分区分放置对象的种类；2）如果放置对象只能用操持手形表示，当其与放置动词搭配时，常常以认知凸显度较高的放置动词的操持手形作为基本手形，同样以不同的［路径］成分区分放置对象的种类。

图 11 倒油　　图 12 盛汤　　图 13 加盖　　图 14 放（玉米）

从意义和形式的匹配关系来看，两种类标记谓词所包含的语义内容也有所不同。Talmy（1985，2000）提出，运动事件词汇化模式主要有三类。1）［运动+次事件］（Motion+Co-event），动词除了表达运动本身外，还表达"次事件"，主要包括［方式］和［原因］。汉语是典型代表，如放置动词中的"灌""缠"等。2）［运动+路径］（Motion+Path），动词既表达运动本身，又表达路径，是一种"路径动词"，在句中通常省略对运动［方式］或［原因］的表达。以西班牙语最为典型，如 entra（进去）。3）［运动+焦点］（Motion+Figure），动词除了表达运动外，还表达运动的主体，如英语中的 rain。

依据该理论，中国手语放置事件中的实物标记谓词可大致归于［运动+路径］（Motion+Path）类型，手形既表达运动本身，又表达路径，是一种"路径动词"，在句中通常省略对运动［方式］或［原因］的表达，手势中不出现表示操持动作的［方式］成分。但与该词汇化模式不同的是，实物手形还能以运动路径的长短区分［焦点］成分，例如，与"倒油"相比，"倒醋"的路径则较短。因此，实物手形的词汇化模式更为准确的表述应当为［运动+焦点+路径］（Motion+Figure+Path），手形动作可以同时表示放置对象和放置路径。

由于操持手形的一个典型特征是再现放置的动作，凸显的是［方式］成分，可大致归于［运动+次事件］（Motion+Co-event）类型，然而操持手形的［路径］成分同样具有区分放置对象的作用。例如，用操持手形表示"盛"这个动作时，"盛汤"的路径为弧线，"盛饭"的路径则是上下重复，路线较短。因此其词汇化模式可以表述为［运动+焦点+次事件］（Motion+Figure+Co-event），即手形动作同时表示放置对象和放置方式。

4. 结语

在有声语言中，说话人常常借助空间动词、介词和方位名词描述运动事件的主要特征。手语作为一种主要利用手部动作空间变化的视觉性语言,其在放置事件的表达上,概念语义更加丰富和精细,手部动作和动词之间的对应关系更为复杂。本文在对中国手语放置类动词进行深入考察后发现:1)中国手语放置类动词中的操持手形数量远远大于实物手形数量,这主要与认知经济性原则有关,从语义特征来看,前者可以同时凸显运动方式和运动路径,后者则主要表达运动路径;2)"对象客体"和"终位"会影响操持类放置动词的手形特征,这主要与二者在概念上具有自主性、可以作为认知参照点有关。

本文的分析结果还可以为聋人学习汉语书面语和听人学习中国手语提供启示。中国约有2,004万听障人士,汉语书面语是聋人进入主流社会、学习文化知识、为社会作出贡献的主要工具。提高聋人的汉语书面语水平也是聋人教育工作者面临的一个难题(吕会华等 2010)。例如,中国手语放置动词的操持手形同时包含"动作"和"对象客体",聋人在学习汉语时常常忽略表达所操持事物的名词。因此,明确汉语和中国手语放置动词的差异,无疑对于纠正聋人书面语学习中的偏误大有裨益。与此同时,随着我国特殊教育事业的发展,手语受到的关注与日俱增,《国家中长期语言文字事业改革和发展规划纲要(2012—2020年)》也明文规定,重视手语高层次人才培养。在此背景下,越来越多的健听人士投身手语学习,然而他们学习中国手语时同样面临许多困难。汉语的动词搭配能力较强,无论是"衣服",还是"鞋",都可以用"穿",所接宾语的差异不会造成动词形式的变化。因此,听人在学习手语时,极易忽视"对象客体"和"终位"信息对手形的影响,无论任何情况都只使用一种操持手形。从这个角度来看,系统比较中国手语和汉语在词汇、句法和语义方面的差异,对于营造和谐的语言生活、构建无障碍沟通的环境具有重要的理论意义和现实意义。

注 释

1 本文插图均由太原市聋人学校聋人画师季谦所作,谨此致谢!

参考文献

Aronoff, M., I. Meir, C. Padden & W. Sandler. 2003. Classifier constructions and morphology in two sign languages [A]. In K. Emmorey (ed.). *Perspectives on Classifier Constructions in Sign Languages* [C]. Mahwah: Lawrence Erlbaum Associates. 53-84.

Chen, J. 2012. "She from bookshelf take-descend-come the box": Encoding and categorizing placement events in Mandarin [A]. In A. Kopecka & B. Narasimhan (eds.). *Events of Putting and Taking: A Crosslinguistic Perspective* [C]. Amsterdam: John Benjamins. 37-54.

Gullberg, M. 2011. Language-specific encoding of placement events in gestures [A]. In J. Bohnemeyer & E. Pederson (eds.). *Event Representation in Language and Cognition* [C]. Cambridge: Cambridge University Press. 166-188.

Lakoff, G. & M. Johnson. 1980. *Metaphors We Live By* [M]. Chicago: University of Chicago Press.
Langacker, R. W. 2000. *Grammar and Conceptualization* [M]. Berlin: Mouton de Gruyter.
Levin, B. 1993. *English Verb Classes and Alternations: A Preliminary Investigation* [M]. Chicago: University of Chicago Press.
Nyst, V. 2007. A Descriptive Analysis of Adamorobe Sign Language (Ghana) [D]. Ph.D. dissertation. Amsterdam: University of Amsterdam.
Slobin, D. I., M. Bowerman, P. Brown, S. Eisenbeiß & B. Narasimhan. 2011. Putting things in places: Developmental consequences of linguistic typology [A]. In J. Bohnemeyer & E. Pederson (eds.). *Event Representation in Language and Cognition* [C]. Cambridge: Cambridge University Press. 134-165.
Sutton-Spence, R. & B. Woll. 1999. *The Linguistics of British Sign Language: An Introduction* [M]. Cambridge: Cambridge University Press.
Talmy, L. 1975. Semantics and syntax of motion [A]. In J. P. Kimball (ed.). *Syntax and Semantics* (vol. 4) [C]. New York: Academic Press. 181-238.
Talmy, L. 1985. Lexicalization patterns: Semantic structure in lexical forms [A]. In T. Shopen (ed.). *Language Typology and Syntactic Description: Volume III: Grammatical Categories and the Lexicon* [C]. Cambridge: Cambridge University Press. 57-149.
Talmy, L. 2000. *Toward a Cognitive Semantics: Volume I: Concept Structuring Systems* [M]. Cambridge: The MIT Press.
Talmy, L. 2003. The representation of spatial structure in spoken and signed language: A neural model [A]. In K. Emmorey (ed.). *Perspectives on Classifier Constructions in Sign Language* [C]. Mahwah: Lawrence Erlbaum Associates. 169-195.
Wilcox, S. & J. P. Morford. 2007. Empirical methods in signed language research [A]. In M. Gonzalez-Marquez, I. Mittelberg, S. Coulson & M. J. Spivey (eds.). *Methods in Cognitive Linguistics* [C]. Amsterdam: John Benjamins. 171-200.
程琪龙、乔玉巧，2010，放置事件及其变式 [J]，《浙江大学学报（人文社会科学版）》（4）：167-178。
李　恒、吴　铃，2013a，中国手语运动事件的词汇化模式 [J]，《现代外语》（4）：355-362。
李　恒、吴　铃，2013b，中国手语情感隐喻的认知研究 [J]，《语言文字应用》（4）：54-61。
吕会华、吴　铃、张会文，2010，聋人汉语书面语语料库建设研究 [J]，《中国特殊教育》（3）：31-33。
吴　铃、李　恒，2014，中国手语如何表达静态运动事件 [J]，《中国特殊教育》（12）：38-42。
徐　峰，1998，现代汉语置放类动词及其语义次范畴 [J]，《汉语学习》（2）：19-23。
张宝胜，2003，《现代汉语置放动词配价研究》补议 [J]，《语言教学与研究》（5）：25-30。
中国聋人协会（编），2003，《中国手语（修订版）》[C]。北京：华夏出版社。

作者简介
李　恒，西南大学外国语学院教授。主要研究领域：认知语言学、手语语言学。
电子邮箱：leehem168@163.com
吴　铃，北京联合大学特殊教育学院教授。主要研究领域：手语、聋人语言教育。
电子邮箱：848942429@qq.com

汉语数量短语漂移现象研究：
回顾与展望*

内蒙古大学　邢晓宇

提要：数量短语漂移是汉语中较为独特的语言现象。关于数量短语漂移时，名词短语的语义特征、形态表征及其动因，至今仍存有争议。本文基于移位说、类推说和选择说，梳理了既往研究的成果和争议，并从研究对象的整体性、认知入景理论的本土化和类型学视野三个方面进行展望。

关键词：汉语名词；数量短语漂移；功能范畴；回顾与展望；认知入景

1. 引言

漂移是修饰语处在不同位置均合乎语法的一种语言现象（刘丹青 2008）。数量短语漂移是汉语中较为独特的语言现象，其中的数词空位不限于"一"。例如，"一个好人"和"好人一个"以及"二两陈皮"和"陈皮二两"均属于此类现象。自 20 世纪七八十年代开始，国内外对此类现象的讨论一直没有中断，但对于数量短语漂移时，名词短语的语义特征、形态表征及其动因，至今仍存有争议。鉴于此，本文对这些研究进行回顾，梳理相关争议和问题，并在认知语言学框架下，从研究对象的整体性、认知入景理论（Cognitive Grounding[1]）的本土化和类型学视野三个方面进行展望。

2. 汉语数量短语漂移现象研究回顾

数量短语置于名词之前时，整个名词短语往往被称为"数+量+名"结

---

* 本文系国家社会科学基金重大项目"认知语言学理论建设与汉语的认知研究"（项目编号：15ZDB099）和国家社会科学基金项目"英汉名词修饰语功能与语序互动的类型学研究"（项目编号：17BYY042）的阶段性成果。

构；数量短语置于名词之后时，名词短语被称作"名+数+量"结构。在古代汉语中，数量短语置于名词之后是名词短语的常见形态，因此学界对现代汉语中数量短语漂移现象的关注，大多是从历时层面探讨数量短语由后置到前置的演变过程。相比而言，共时层面的探讨明显不足。纵观这些研究，我们大致可以将其梳理为如下三种观点：移位说、类推说和选择说。

2.1 移位说

移位说指在汉语名词短语的历时演变中，数量短语置于名词之后是古汉语的常见语序，后来演变为数量短语置于名词之前，在整个演变过程中，数量短语经历了一个以名词为参照由后置到前置的逐渐移位过程。刘世儒先生于1965年出版的《魏晋南北朝量词研究》一书中首次从移位的角度系统讨论汉语名词与量词的组构规律。关于移位说，刘世儒（1965: 44-45）有几句很著名的话：

> 在先秦时代，数量词对于中心名词的位置基本上是以后置为原则的。……到了汉代，词序有了发展，但也还是可前可后，没有一定的规格的。（这可以拿《史记》为例，如"汉军取其善马数十匹，中马以下牝牡²三千余匹"）……数量词开始转向于以前附于中心名词为原则，这是南北朝时期的事。

关于此说法，该书从散文、谚语和歌谣中找了不少语料加以佐证。这些看法是有一定道理的，因为甲骨卜辞中数量词修饰名词时只有后置的情况（殷国光等 2011）。例如，"易贝二朋"（《甲骨文合集》）中，"贝"是名词，指古代一种货币，"朋"为量词，大意为"串"，所以"易贝二朋"的大致意思是"赐予贝壳两串"。春秋战国时期，数量修饰语前置的现象开始出现。例如，"生丈夫，二壶酒，一犬；生女子，二壶酒，一豚"（《国语·越语上》）³。不过，此时数量短语修饰名词的基本语序仍然是"名+数+量"组合，"数+量+名"组合尚处于萌芽时期（殷国光等 2011）。从以上例子可以看出，这里既有"数+量+名"结构，如"二壶酒"，也有"数+名"结构，如"一犬"和"一豚"。这也说明当时个体量词尚不发达。一般认为，经过汉朝时期的不断发展，一直到魏晋南北朝，量词才达到比较发达的程度，数量修饰语前置于名词的结构才成为数量修饰语与名词组合的基本语序。也就是说，量词的发展是名词修饰语前移得以实现的一个条件（刘世儒 1965）。那么，修饰语为什么要前移呢？刘世儒（1965）认为，这是历史发展的必然结果，前移可以使汉语语法的规律性更完整，有助于明确表达思想。刘世儒（1965）从词序一致、陪伴形式更显著、成分更容易确定、表达思想更清楚四个方面阐释了理由。西周以来，汉语名词短语就有"从前主后"（"从"指修饰语，"主"指中心名词）的原则（贝罗贝 1998），数量组合前移符合这一语序原则。前移使中心名词和数量短语之间不易被其他修饰语隔开，因而成分更容易确定，思想表达也会更加准确。刘世儒（1965）指出，南北朝时期数量短语前移的规律尚有需要发展和完善的地方，因为如果中心名词前面有其他复杂的修饰语时，数量短语就不能前移。

法国语言学家贝罗贝是持移位说的另一位代表，主要研究汉语及其他东亚语言。他对汉语量词的演变史进行了系统深入的研究。贝罗贝（1998）认为，量词出现于汉代早期（公元前2世纪左右），到中古时期（公元3—6世纪）开始普及，一直到中古后期（公元7—13世纪）才成为主要的语言现象。这与 Dobson（1962）、Greenberg（1975）和王力（1958）等关于上古甚至更早时期出现量词的说法有出入。究其原因，学者们对量词的认识不同。例如，王力（1958）认为甲骨文里的"丙"是指若干匹马的集体量词，而有些学者（如黄载君 1964）认为，"丙"是个体量词，相对于"匹"。贝罗贝（1998）认为"丙"不是量词，而是单位词或名词，指"一套有两匹马的车"。此外，贝罗贝把汉语数量短语和名词的组合细化为七种模式（Peyraube 1991；贝罗贝 1998），认为南北朝时期的数量修饰语前移更多属于数词和单位词的情况，所以真正的个体量词和数词的前移直到公元7—13世纪才普及。

总的来说，尽管学者们在一些细节上看法不完全一致，但是持移位说的学者都认为，数量短语修饰名词时，修饰语最初在名词后面，随着语言的不断发展和演变，受量词发展等因素的驱动移位到了名词前面。移位说使我们产生这样的疑问：现代汉语中数量短语既可以置于名词之前，也可以置于名词之后，那么，在现代汉语中，如果从语义效果的角度来说，数量短语后置是否属于劣势语序？在语言的发展变化中，现代汉语中数量短语后置的现象是否会逐渐减少直至消失？倘若不是，那必定另有他说。

2.2 类推说

一些学者对移位说提出了质疑。Drocourt（1993）认为，"名词+数词+单位词"与"数词+单位词+名词"的句法语义功能不同。前者一般用作名词的同位结构或述位，表达数量信息；后者修饰限制名词，其数量信息不是语义重心。据此，Drocourt 认为名词前的数量修饰语并非从名词后面移位而来，而是来自"数词+名词"结构。谭慧敏（1998）赞同这一观点，并对"数词+名词"到"数词+量词+名词"演变的动因进行了探讨。事实上，太田辰夫（1958）发现，数词和单位词的组合置于名词前面与置于名词后面的情况在先秦汉语里均有分布，统计显示，前置现象也比较普遍。同时，数量修饰语置于名词之前和之后的情况在当时也具有不同的句法特征。太田辰夫（1958）认为，前置的是修饰语，后置的是述语。因此，在两种语序并存且有不同句法语义功能的情况下，说其中一个由另一个移位而来，显得不够缜密。

太田辰夫（1958）在质疑移位说的同时，提出了类推说。他以功能为标准，把汉语量词分为计量量词和计数量词。前者包括度量衡单位量词和临时量词，后者包括个体量词和集体量词。先秦汉语里表示计量的既有"数词＋单位词＋名词"格式，也有"名词＋数词＋单位词"的句法分布。而"数词＋量词＋名词"在古代汉语中只用于计量，不用于计数。随着个体量词的发展和普遍使用，人们计数时以类推的方式把个体量词和集体量词用于"数词＋量词＋名词"结构中。吴福祥等（2006）对此观点作了进一步阐释。1）先秦汉语中，"数词＋单位词＋（之）＋名词"和"名词＋数词＋单位词"在句法、语义和话语功能上有显著差异，前者是描写性的，名词前面是修饰语；后者是计量性的，名词后面是述谓成分。2）西汉前后，属格标记"之"发生脱落使得"数词＋单位词＋名词"结构获得计量功能。3）在汉代，"数词＋个体量词＋名词"结构是仿照"数词＋单位词＋名词"结构类推而来的。类推说的观点也引发了学界的关注。姚振武（2008）对类推说的思路和材料的可靠性提出质疑，认为不带"之"的结构先出现，带"之"的结构后出现，因此不存在"之"字的脱落过程。最主要的是，该文认为"数词＋个体量词＋名词"早在西周中期就已出现，并非汉代前后才类推而来，进而主张汉语史上数量组合置于名词之前和之后在语用上具有兼容性。

可以看出，由于在量词的分类和理解以及资料考证方面存在分歧，学界对数量短语置于名词之前和置于名词之后的关系，仍然众说纷纭。从以前的研究可以看出，学界尽管对名词短语的两种结构存在争议，但共识是长期以来，数量短语前置和后置于名词都是存在的。当然，二者在使用频率上有差异，数量短语前置于名词的结构大致表现出使用频率增加的趋势，数量短语后置于名词的结构大致表现出使用频率降低的走向。也就是说，数量组合置于名词之前和之后的两种结构在汉语发展史上具有竞争态势。

2.3 选择说

选择说主要是就现代汉语共时层面而言的。吴福祥（2012）将传统认为的语序演变离析为"语序选择"和"语序创新"（语序演变），指出以往所揭示的汉语语序演变多为语序选择，汉语史上严格意义的语序创新还很少见。在语序选择中，两种语序是竞争关系，最终有一种语序被选定而胜出；而在语序演变或创新中，两种语序是演变关系，最终新语序作为演变结果而出现（吴福祥 2012）。该文以此为框架，结合上文提到的数量短语与名词位置关系的历史和争议认为，现代汉语中数量短语以名词为参照的漂移现象属于语序选择的范畴。

可以说，我们因移位说而产生的疑问在语序选择中找到了答案，或者说得到些许思路。既然在现代汉语中，数量短语置于名词之前和置于名词之后属于语序选择的范畴，说明语序优劣只是使用频率角度的说法，在语义效果上不存在优势语序和劣势语序之分。也就是说，数量短语后置于名词虽然在使用频率上要低于前置的情况，但后置的语序本身有承载语义的独特性。我们认为，这是数量短语漂移现象在现代汉语共时层面的基本分布格局。遗憾的是，与历时层面的研究相比，数量短语漂移现象在现代汉语共时层面的探讨明显不足。少量较为零散的研究也存有诸多争议和有待进一步探讨的问题。

储泽祥（2001）和何文彬（2012）在现代汉语共时层面探讨了数量短语的位置。也许是出于研究更有针对性的考虑，他们的关注点都是数量短语后置于名词时的情况。储泽祥（2001）认为，现代汉语"名+数+量"结构是一种有标记的语序，并从语用层面探讨了其语义焦点。该文认为，当数词仅限于"一"时，名词短语的语义焦点在名词上，凸显的是名词所指事物的属性。当数词不限于"一"时，语义焦点由数量短语承载，凸显的是名词所指事物的数量。何文彬（2012）同样从语用角度出发，却把"名+数+量"结构纳入强调句的范畴。与储泽祥（2001）的观点不同，何文彬（2012）认为这是一种以外延为手段强调内涵的强调句，并主张当数词仅限于"一"时，名词短语的语义焦点由量词来承担，主要的语义功能是对名词所指事物的分类。当数词不限于"一"时，名词短语的语义焦点在数词上，整个名词的语义特征是计数。可见，对于数量短语后置于名词的语言现象，学界对名词短语的语义焦点和特征存有较大争议。在语义情感上亦是如此。语言作为一种承载交际功能的重要载体，有时会蕴含言者的主观性，这就是语言单位所承载的语义情感。储泽祥（2001）认为，在现代汉语中，当数量短语中数词仅限于"一"且置于名词之后时，名词短语往往承载负面的语义信息，蕴含的是言者对名词所指事物的一种负面情感认知。事实上，这种倾向性判断是否经得起推敲，值得探讨。可见，在现代汉语共时层面，学界对数量短语后置于名词的语言现象仍存有较大争议。值得一提的是，既然数量短语置于名词前和后的两种语序是一种语言选择过程，那么，言者选择语序的标准是什么？这种标准得以实现的形态条件是什么？背后的认知理据又是什么？这些问题都值得深入分析。邢晓宇、文旭（2015）把现代汉语"名+数+量"结构离析为评价型和数量型，探讨了二者的形态表征，并在认知语言学框架下，借鉴认知入景理论提出，形态表征的认知理据是名词的入景方式不同，词汇表征是显性入景手段层级互动的要求，而句法表征体现了隐性入景和显性入景的匹配。不过，该文至少有两点仍可深入探讨。第一，对于语义焦点和形态表征的探讨可以在关照数量短语前置的情况下统一审视。同时，形容词本身的概念表达功能是评价还是描述（成军 2021），也有必要纳入考虑范围。第二，可以在关照语义特征在声音层面表征的视野下探讨。这是因为认知语法认为，语法结构都是象征单位，是语义极和语音极的匹配体（Langacker 1987；高远、李福印 2007），而语音极既包括语义特征书面表达中的形态表征，也体现在其声音表征维度。此外，韵律是汉语语法的重要特征（周韧 2011，2017；沈家煊 2017；冯胜利 2018；罗一丽、张辉 2018；王远杰 2019；应学凤 2021）。我们注意到，数量短语后置于名词时，名词的修饰语往往较短。例如，"好人一个"较为常见，而"很好的人一个"则不易被接受。赵秋荣、王克非（2020）从汉语本身的发展及翻译对汉语修饰语的影响角度出发，探讨了"一个+修饰语+的+名词"的结构。这种定语长度增长与容量扩增现象也与修饰语语序和韵律互动关系有关，值得继续深入探讨。

3. 汉语数量短语漂移现象研究展望

基于以往研究的争议和需要进一步讨论的问题，我们认为数量短语漂移现象至少可以从以下几个方面继续探讨。

第一，研究对象的整体性。数量短语漂移现象牵涉数量短语前置和后置两种形态，且二者具有内在的语义、语用及认知等联系。因此，研究对象不应限于数量短语后置于名词的情况，应同时关照数量短语前置与后置两种情况，这有利于发现数量短语漂移现象的普遍规律。

第二，理论视角的本土化。研究理论的不断更新是科学研究的基本要素之一，汉语语法研究在坚持重视语言事实的同时，需要树立理论意识和假设意识，汉语语法研究的推进离不开认知语法等当代语法理论（陆俭明 2010）。近年来出现了从认知语言学角度探讨修饰语语序相关问题的研究（如 Morbiato 2020；文旭 2005，2020；王继才 2017；丁志斌 2018），具有启发性。其中，邢晓宇、文旭（2015）从认知入景的角度探讨了数量短语后置时名词短语的语义特征、形态表征和认知理据，但仍有需要进一步探讨的问题。认知语法认为，语法是对体验的概念化，表征了说话人对概念内容的不同识解（construal），即我们用不同方式对同一情景进行理解和表达的能力（高远、李福印 2007；文旭 2007，2014），牵涉主观性和客观性（Langacker 2008，2013），而汉语数量短语漂移现象表征了说话人两种不同识解方式的转化，这势必牵涉说话人的主观性，这种主观性的转化不仅要考虑其本身的规律，还有必要从其所承担的语篇功能角度探讨。另外，入景是使事物和关系/过程成为合格交际话语的认知活动，是对命题内容识解的主观化过程，对于探讨数量短语漂移现象具有较高的适配性（邢晓宇、文旭 2015）。邢晓宇（2015）梳理了汉语名词入景的类型学特征，但仍需在充分关照汉语特征的基础上进一步把韵律语法纳入汉语名词的入景体系，以便更好地服务于数量短语漂移现象研究。

第三，研究的类型学视野。把汉语数量短语漂移现象置于类型学视野下有利于更好地发现语言现象背后的规律。Cinque（2010）讨论名词两侧修饰语的语义对比时，提出了一个概念：镜像效应（mirror-image effect），并基于英语和意大利语的特征，把名词的前置修饰语称为直接修饰语（direct modifier），把名词的后置修饰语称为间接修饰语（indirect modifier），认为其源于关系小句，具有简化关系小句（reduced relative clause）的特征，承担述谓功能。镜像效应指名词相当于一面镜子，名词两侧的修饰语好比镜子前的实体与自己的镜像。不难发现，汉语名词的数量修饰语在名词两侧的漂移现象属于这种镜像关系，因此汉语数量短语漂移现象的研究可以在类型学视野下进一步推进。

注 释

1. Grounding 目前尚无统一汉译，其他译法包括"语境定位""背景设置""场景设置""接地""入场""言语场景""定位""情景植入"等。
2. 牡牝指雄雌，可人、物通指，如"则曰牡牝雄雌也"（《墨子·辞过》）、"物类洪纤知牡牝，自怜当永废婚姻"（《双珠记·因诗赐配》）。此处所引来自《史记·大宛列传》，"牡牝"分别指儿马和骒马，俗称公马和母马。
3. 此处讲的是春秋时期越王勾践卧薪尝胆期间的事情。当时的越国经过与吴国多年的战争，已经国空民疲，兵源与劳动力严重不足。为此，越王勾践采取了一系列措施，此处所引的是其中鼓励生育政策中的部分措施。

参考文献

Cinque, G. 2010. *The Syntax of Adjectives: A Comparative Study* [M]. Cambridge: The MIT Press.
Dobson, W. A. C. H. 1962. *Early Archaic Chinese: A Descriptive Grammar* [M]. Toronto: University of Toronto Press.
Drocourt, Z. 1993. Analyse syntaxique des expressions quantitatives en chinois archaïque [J]. *Cahiers de Linguistique-Asie Orientale* 22: 217-237.
Greenberg, J. H. 1975. Dynamic aspects of word order in the numeral classifier [A]. In C. Li (ed.). *Word Order and Word Order Change* [C]. Austin: University of Texas Press. 27-45.
Langacker, R. W. 1987. *Foundations of Cognitive Grammar: Volume I: Theoretical Prerequisites* [M]. Stanford: Stanford University Press.
Langacker, R. W. 2008. *Cognitive Grammar: A Basic Introduction* [M]. Oxford: Oxford University Press.
Langacker, R. W. 2013. *Essentials of Cognitive Grammar* [M]. Oxford: Oxford University Press.
Morbiato, A. 2020. Cognitive-functional principles and Chinese linear order: The containment schema [J]. *Cognitive Linguistic Studies* 7: 307-333.

Peyraube, A. 1991. Some remarks on the history of Chinese classifiers [J]. *Santa Barbara Papers in Linguistics* 3: 106-126.

贝罗贝,1998,上古、中古汉语量词的历史发展 [J],《语言学论丛》(21):99-122。

成 军,2021,有界/无界:形容词描写与评价功能的认知识解 [J],《西南大学学报(社会科学版)》(2):192-203。

储泽祥,2001,"名+数量"语序与注意焦点 [J],《中国语文》(5):411-417。

丁志斌,2018,英汉名词修饰语语序类型研究 [J],《西安外国语大学学报》(1):10-14。

冯胜利,2018,理论语法的教学转换——以韵律语法为例 [J],《国际汉语教学研究》(1):22-35。

高 远、李福印(编),2007,《罗纳德·兰艾克认知语法十讲》(*Ten Lectures on Cognitive Grammar by Ronald Langacker*)[C]。北京:外语教学与研究出版社。

何文彬,2012,《现代汉语"是"字强调句研究》[M]。北京:中国社会科学出版社。

黄载君,1964,从甲文、金文量词的应用,考察汉语量词的起源与发展 [J],《中国语文》(6):432-441。

刘丹青,2008,汉语名词性短语的句法类型特征 [J],《中国语文》(1):3-20。

刘世儒,1965,《魏晋南北朝量词研究》[M]。北京:中华书局。

陆俭明,2010,汉语语法研究中理论方法的更新与发展 [J],《汉语学习》(1):3-10。

罗一丽、张 辉,2018,韵律与语法互动研究:汉语黏合式多项定语排序问题 [J],《外语学刊》(1):47-53。

沈家煊,2017,汉语"大语法"包含韵律 [J],《世界汉语教学》(1):3-19。

太田辰夫,1958,《中国语历史文法》(*A Historical Grammar of Modern Chinese*)[M],蒋绍愚、徐昌华译。北京:北京大学出版社。

谭慧敏,1998,略论汉语量词的起源与发展 [A]。载《汉语研究》(*Studia Linguistica Serica*)[C]。香港:香港城市大学出版社。200-210。

王继才,2017,构式允准对英语名词修饰语位置选择与转化的统一解释 [J],《现代外语》(2):168-178。

王 力,1958,《汉语史稿》[M]。北京:科学出版社。

王远杰,2019,英汉定中结构的韵律组配共性 [J],《外语教学与研究》(6):876-887。

文 旭,2005,左移位句式的认知解释 [J],《外国语》(2):45-52。

文 旭,2007,语义、认知与识解 [J],《外语学刊》(6):35-39。

文 旭,2014,《语言的认知基础》[M]。北京:科学出版社。

文 旭,2020,右移位构式:句法、语义与认知 [J],《现代外语》(5):641-653。

吴福祥,2012,语序选择与语序创新——汉语语序演变的观察和断想 [J],《中国语文》(4):347-355。

吴福祥、冯胜利、黄正德,2006,汉语"数+量+名"格式的来源 [J],《中国语文》(5):387-400。

邢晓宇,2015,认知入景视角下现代汉语名词的修饰语研究:功能与语序漂移 [D]。博士学位论文。重庆:西南大学。

邢晓宇、文 旭,2015,现代汉语"名+数+量"结构的形态表征及认知理据 [J],《西安外国语大学学报》(3):13-16。

姚振武,2008,《汉语"数+量+名"格式的来源》读后 [J],《中国语文》(3):247-253。

殷国光、龙国富、赵 彤,2011,《汉语史纲要》[M]。北京:中国人民大学出版社。

应学凤,2021,松紧象似原则与动宾饰名复合词 [J],《世界汉语教学》(1):28-42。

赵秋荣、王克非，2020,从定语长度扩增看翻译与现代汉语白话文的发展:以"一个+修饰语+的+名词"的定语结构为例[J],《外语教学理论与实践》(1)：74-79。

周　韧，2011,《现代汉语韵律与语法的互动关系研究》[M]。北京:商务印书馆。

周　韧，2017,汉语韵律语法研究中的轻重象似、松紧象似和多少象似[J],《中国语文》(5)：536-552。

作者简介

邢晓宇,内蒙古大学外国语学院教授。主要研究领域:认知语言学、语用学、认知翻译学、课程与教材研究。

电子邮箱：billxxy2002@126.com

西方文化的"自我中心"语用研究
——基于英语第一人称代词的实证考察

上海海事大学　刘国辉

提要："自我"通常是西方文化的一种典型而凸显的表征，其表征手段很多，可能是内在的，也可能是外显的。就外显的语言表征而言，第一人称代词就是其中一种。以往这方面的研究以定性为主，很难了解其具体表现。为此，本文通过大型英语语料库的第一人称代词进行语用考察，结果显示：不管何种形态表征（如主宾格、领属、反身和物主形态），单数的"自我"最为凸显且以主格形态为主导，其深层理据可能在于西方文化凸显大写"I"、自我文化、自我心理和自我意识定位。

关键词：英语语料库；西方文化；自我中心；第一人称代词；语用研究

1. 引言

"自我"从某种程度上来说既是一种先天表现，又是一种后天的必然结果。这是因为我们每个人为了自身的生存和发展，可能首先关注"自我"；但这种"自我"往往受特定文化环境的影响和制约，是一种非常复杂且多元的集合体。正如刘双、马敬然（2008）所言，"自我"虽然很难言说，但每个人随时随地都在感受和体会着"自我"，都不得不承认它的存在。几千年来，中西方很多心理学、文化学、社会学和哲学学者都对"自我"进行了思索。例如，17世纪法国哲学家笛卡尔《第一哲学沉思集》确立的经典命题"我思，故我在"也许就是一种典型的自我表现。这种自我意识在语言中可能表征为人称代词，特别是第一人称代词。根据 Biber et al.（1999）的研究，绝大多数代词能够很好地代替名词或名词短语，是一种经济手段，同时可以在语篇或言语交际中发挥指示作用（如回指或前指），当然也可用于指称不明的情况。人称代词虽然在语法著作中都有所涉及，但到目前为止，较难找到从语料库视角出发的实证研究成果。为此，本文试图通过大型语料库就第一人称代词进行考察，供对人类学、文化学、跨文化交际和语篇研究等感兴趣的读者参阅。

2. 名代关系

代词与名词有着密不可分的关系，因为英语代词 pronoun 的字面义就是代替名词（pro-noun）的词，即代替语境中具体的所指名称。按照古英语（Old English, OE）的语法特征，名词具有性（阳性、阴性和中性）、数（单复数）、格（主格、宾格和所有格等）之分，与之相应的代词也应具有相应的语法特征和功能。否则，其替代功效就要大打折扣或不可能替代。然而，现实并非如此科学和理性。根据哈德（2000）主编的《牛津英语词源词典》（*Oxford Concise Dictionary of English Etymology*），第一人称代词单数 I 源于古英语的 ić，出现在 12 世纪，从某种程度来说是拉丁语和希腊语 egó 的一种变体处理。根据李赋宁（2005）的研究，古英语第二人称代词有单数、复数和双数之分；然而，17 世纪时就停止使用单数代词的各种格形态（thou、thy、thine、thee），代之以复数形态（you、your、yours、you）。这可能与中世纪欧洲语言，如法语（vous 代替 tu）和德语（Sie 代替 du）中用第二人称复数表示尊敬或疏远有关。根据 Swan（2005）编著的《英语用法指南（第三版）》（*Practical English Usage*, 3rd ed.），在某些变体英语中，you 有单复数形态之分，例如，约克郡人把 thu 或 tha 当作单数的主格形态，而把 thee 当作单数的宾格形态。爱尔兰和苏格兰方言中有单独的复数形态 ye、youse 或 yiz。同时，许多美国人在非正式场合中将 you folks 或 you guys 当作第二人称复数形态。第三人称代词单数阳性形态自古英语就有，然而阴性 she 与发音有关，从 13 世纪开始出现在中古英语北部方言之中，后被中部和南部方言所采用。第三人称代词复数则是 13 世纪的中古英语时期从斯堪的纳维亚代词形态 they、their、them 引进的，主要是为了避免单复数之间的含混。

如果没有名词，还需要代词吗？根据刘丹青（2008）的研究，代词主要指人称代词，在形态方面与名词有一些共同点，但比名词的形态更加丰富，例如，英语代词有主格、宾格、领属格，而名词基本没有这些格范畴（除少数领属格外）。同时，根据人在言语交谈中的角色，人称代词可被分为三类：第一人称（说话人）、第二人称（听话人）和第三人称（说话人和听话人之外的旁人），如英语的 I、you、he/she，汉语的"我、你、他/她"。其实，这种划分与"人称"一词的来源有关，人称在古希腊语中是"戏剧角色"一词的译名，在拉丁语中写作 persona，戏剧中的主角为第一人称，次于主角的角色为第二人称，其余角色皆为第三人称。此外，除了第三人称单数外，其他人称都没有性别差异标识。也就是说，人称代词的表征没有统一严格的科学标准和要求，既不系统，也不规范。如果从认知行为角度来看，人们对第一人称最为重视，也最周全；对第二人称表征一举多用，但缺乏区别性特征，是一种典型的惰性不作为表现；而对第三人称的表征纯属一种非常不负责任的做法。至于第三人称单数突然出现性别差异表征，有点让人摸不着头脑。也许这是自然语言生态多样性的一种表现。当然，有些理据是可查的，比如第二人称 you 在历史上作为复数形式被使用是因为尊称用法的扩张兼并了单数（thou）的义域，造成单复数对立在第二人称上的中和，从而形成了不完整的单复数系统。至于代词中的性，往往是所指对象的性，且最常见于第三人称，因为第三人称可以不在交际现场，用性别区分词形可以帮助识别对象，而第一人称和第二人称在交际现场，不言自明。尽管代词的词与名词的格在同一种语言中密切相关，但不一定完全相同，比如英语代词有宾格形态，而名词没有宾格，代词的格远多于名词，但很不统一或规范。在有格系统的语言中，由于主语一般是不受约束的而宾语是受约束的，因此英语反身代词多采用宾格形态，如 himself、herself，而不是 *heself、*sheself（刘丹青 2008）。

从科学的辩证角度来看，一般先有名词，后有代词。因为如果先有代词，那它代替何物，可能无解。同时，名词和代词只能共生共存，相互依赖，没有第三种例外选择。也就是说，不能只有名词而没有代词，也不能只有代词而没有名词，否则会让人无法理解或产生误解，例如（*表示歧解或无解，除非在特定语境下）：

（1）* Tommy said Tommy would go to Tommy's home.
（2）* Mary thought Mary finished the work at Mary's office.
（3）* I would like to have my meal at your house.
（4）* We advised you not to stay at our palace for the whole day.
（5）* You, you, and you do this; you, you, and you do that.

3. 研究设计

3.1 研究问题

为了更有效地考察西方文化的"自我中心"现状与发展态势，较好地了解和认知西方文化的特性，以便更有效地交流，减少不必要的语用失误或冲突，本研究主要回答以下两个研究问题：1)"自我中心"的共时分布如何？2)"自我中心"的历时演变如何？

3.2 研究对象

本研究以英语第一人称代词的不同形态为对象进行考察。具体来说，主要考察主格形态 i/we/PRON、宾格形态 me/us/PRON、领属形态 my/our/PRON、反身形态 myself/ourselves/PRON 和物主形态 mine/ours/PRON。

3.3 研究平台

本研究基于美国 Mark Davies 教授开发的系列大型英语语料库，包括共时语料库——美国当代英语语料库（Corpus of Contemporary American English, COCA）[1]，和历时语料库——美国近当代英语语料库（Corpus of Historical American English, COHA）[2]。这些语料库各有特色，可以互补完善，达到更佳的互证效果。

3.4 研究步骤

本研究首先考察共时的第一人称代词分布，然后考察历时的第一人称代词演变，最后进行深层理据阐释。为了便于统计和比较，共时方面涉及五种不同文体或语体（从口语到书面语），历时方面涉及五个不同时段（每隔 50 年为一个时段），所有频次统计均以百万计，保留小数点后两位数。

4. 结果讨论

4.1 主格形态

通过考察 COCA 语料库的五种不同文体，本研究发现：第一人称主格单数的总量达 51,335.38，主要出现在口语体中，其中小说的第一人称主格单数最多，达 18,523.25；书面语中则明显较少，学术文体中最少，只有 2,241.50，因此，按照频次可排列为（文中的">"符号表示大于或多于，下同）：小说>口语>期刊>新闻>学术。然而，第一人称主格复数的总量只有第一人称主格单数总量的 44% 左右，为 22,540.88，主要出现在口语中，达 9,742.05；书面语中则明显较少，学术文体中最少，只有 2,244.59，因此，按照频次可排列为：口语>小说>期刊>新闻>学术。第一人称主格单复数的文体分布频次及态势如图 1 所示：口语体是其表现的主要载体，在人际互动中强调自我个体的存在。

	口语	小说	期刊	新闻	学术
■ I	18,106.60	18,523.25	6,905.95	5,558.08	2,241.50
■ WE	9,742.05	3,860.46	3,433.49	3,260.29	2,244.59

图 1　第一人称主格单复数的文体分布频次及态势比较

通过考察 COHA 语料库的五个不同时段，本研究发现：近 200 年来，第一人称主格单数的总量达 67,328.04，20 世纪 70 年代为峰值，达 16,624.55；20 世纪 20 年代为低谷期，只有 10,918.11，因此，按照频次可排列为：1970s>2010s>1820s>1870s>1920s。然而，第一人称主格复数的总量只有第一人称主格单数总量的 29% 左右，为 19,795.48，主要出现在 20 世纪 70 年代，达 4,415.10；20 世纪 20 年代则明显较少，只有 3,155.20，因此，按照频次可排列为：1970s>2010s>1820s>1870s>1920s。近 200 年第一人称主格单复数的演变频次及态势如图 2 所示：20 世纪 70 年代是第一人称主格形态表现最为凸显的时期，可能与当时的经济停滞、高失业率和通货膨胀等世界形势有关，此时人们更多关注自我个体的生存能力。

	1820s	1870s	1920s	1970s	2010s
I	12,567.84	11,776.05	10,918.11	16,624.55	15,441.49
WE	4,348.70	3,475.11	3,155.20	4,415.10	4,401.37

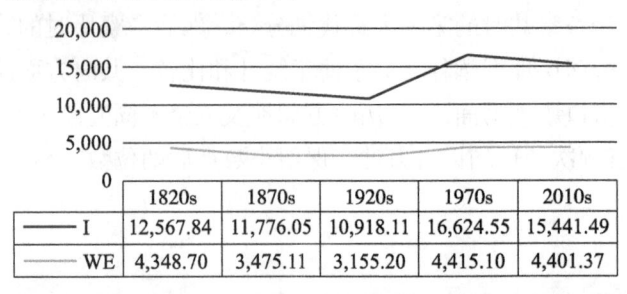

图 2 近 200 年第一人称主格单复数的演变频次及态势比较

4.2 宾格形态

通过考察 COCA 语料库的五种不同文体，本研究发现：第一人称宾格单数的总量为 8,972.01，主要出现在口语体中，小说中最多，达 4,198.51；书面语中则明显较少，学术文体中最少，只有 365.76，因此，按照频次可排列为：小说 > 口语 > 期刊 > 新闻 > 学术。然而，第一人称宾格复数的总量只有第一人称宾格单数总量的 54% 左右，为 4,832.51，主要出现在口语中，达 1,833.30；书面语中则明显较少，学术文体中最少，只有 482.50，因此，按照频次可排列为：口语 > 小说 > 期刊 > 新闻 > 学术。第一人称宾格单复数的文体分布频次及态势如图 3 所示：小说中第一人称宾格单数特别凸显，说明其在小说中具有独特的人物刻画功用。

	口语	小说	期刊	新闻	学术
me	2,358.30	4,198.51	1,228.67	821.17	365.76
us	1,833.30	1,042.28	759.99	714.44	482.50

图 3 第一人称宾格单复数的文体分布频次及态势比较

通过考察 COHA 语料库的五个不同时段，本研究发现：近 200 年来，第一人称宾格单数的总量达 15,653.08，20 世纪 70 年代达到峰值，为 3,577.31；20 世纪 20 年代为低谷期，只有 2,464.40，因此，按照频次可排列为：1970s>1820s>2010s>1870s>1920s。然而，第一人称宾格复数的总量只有第一人称宾格单数总量的 34% 左右，为 5,363.45，主要出现在 19 世纪 20 年代，达 1,370.93；20 世纪 20 年代则明显较少，只有 878.70，因此，按照频次可排列为：1820s>1870s>1970s>2010s>1920s。近 200 年第一人称宾格单复数的演变频次及态势如图 4 所示：与图 2 相比，宾格数量明显比主格少，但两者的演变态势基本相同。

	1820s	1870s	1920s	1970s	2010s
me	3,426.54	2,953.46	2,464.40	3,577.31	3,231.37
us	1,370.93	1,094.93	878.70	1,045.85	973.04

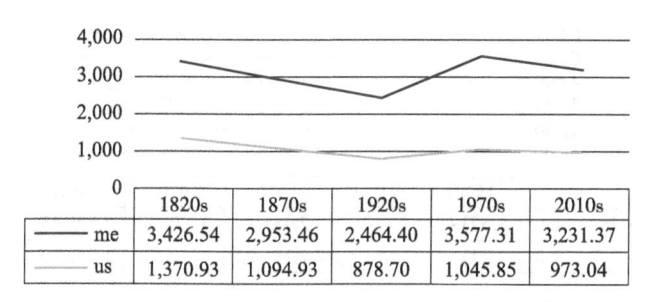

图 4 近 200 年第一人称宾格单复数的演变频次及态势比较

4.3 领属形态

通过考察 COCA 语料库的五种不同文体，本研究发现：第一人称领属单数的总量达 11,593.97，主要出现在口语体中，其中小说中最多，达 5,329.91；书面语中明显较少，学术文体中最少，只有 659.22，因此，按照频次可排列为：小说>口语>期刊>新闻>学术。然而，第一人称领属复数的总量只有第一人称领属单数总量的 57% 左右，为 6,611.10，主要出现在口语中，达 1,931.71；书面语中则明显较少，新闻中最少，只有 1,042.17，因此，按照频次可排列为：口语>期刊>小说>学术>新闻。第一人称领属单复数的文体分布频次及态势如图 5 所示：第一人称领属单数最为凸显，同时小说中的人物更多关注自身的领属处置。

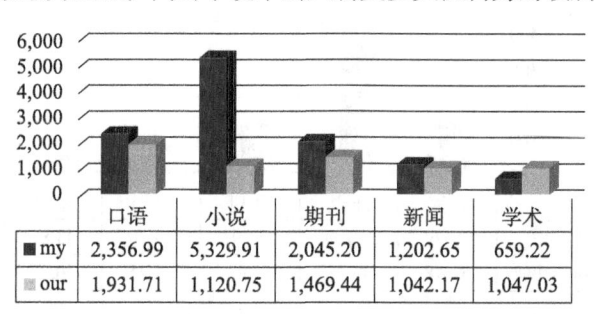

	口语	小说	期刊	新闻	学术
my	2,356.99	5,329.91	2,045.20	1,202.65	659.22
our	1,931.71	1,120.75	1,469.44	1,042.17	1,047.03

图 5 第一人称领属单复数的文体分布频次及态势比较

通过考察 COHA 语料库的五个不同时段，本研究发现：近 200 年来，第一人称领属单数的总量达 18,561.46，19 世纪 20 年代达到峰值，为 5,693.42；20 世纪 20 年代为低谷期，只有 2,331.75，因此，按照频次可排列为：1820s>2010s>1870s>1970s>1920s。然而，第一人称领属复数的总量只有第一人称领属单数总量的 44% 左右，为 8,111.87，主要出现在 19 世纪 20 年代，达 2,737.13；20 世纪 70 年代则明显较少，只有 1,138.39，因此，按照频次可排列为：1820s>1870s>2010s>1920s>1970s。近 200 年第一人称领属单复数的演变频次及态势如图 6 所示：20 世纪 20 年代的美国人最不在意个人领属，说明此时某种欲望得到了满足。

	1820s	1870s	1920s	1970s	2010s
my	5,693.42	3,457.12	2,331.75	3,179.59	3,899.58
our	2,737.13	1,702.53	1,241.03	1,138.39	1,292.79

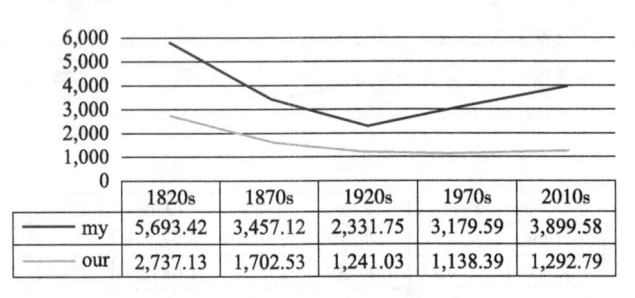

图 6　近 200 年第一人称领属单复数的演变频次及态势比较

4.4　反身形态

通过考察 COCA 语料库的五种不同文体，本研究发现：第一人称反身代词单数的总量为 734.04，小说中最多，达 339.18；学术文体中最少，只有 43.87，因此，按照频次可排列为：小说>口语>期刊>新闻>学术。然而，第一人称反身代词复数的总量只有第一人称反身代词单数总量的 31% 左右，为 228.70，期刊中最多，达 55.92；新闻中最少，只有 34.75，因此，按照频次可排列为：期刊>口语>小说>学术>新闻。第一人称反身代词单复数的文体分布频次及态势如图 7 所示：小说中的第一人称反身代词单数表现最为凸显，人们最关注自我状态。

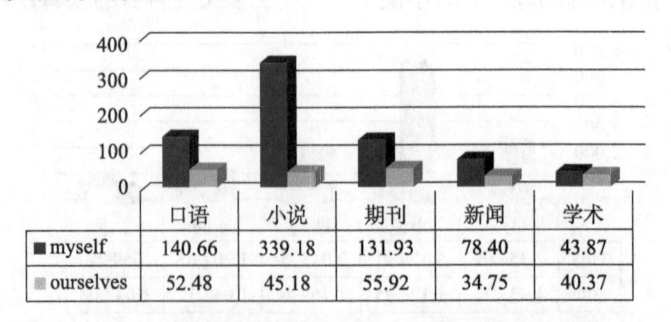

	口语	小说	期刊	新闻	学术
myself	140.66	339.18	131.93	78.40	43.87
ourselves	52.48	45.18	55.92	34.75	40.37

图 7　第一人称反身代词单复数的文体分布频次及态势比较

通过考察 COHA 语料库的五个不同时段，本研究发现：近 200 年来，第一人称反身代词单数的总量达 1,396.04，19 世纪 20 年代为峰值，达 416.68；21 世纪第一个十年为低谷期，只有 214.93，因此，按照频次可排列为：1820s>1870s>1970s>1920s>2010s。然而，第一人称反身代词复数的总量只有第一人称反身代词单数总量的 27% 左右，为 373.65；19 世纪 20 年代最多，达 137.94；21 世纪第一个十年则最少，只有 40.48，因此，按照频次可排列为：1820s>1870s>1920s>1970s>2010s。近 200 年第一人称反身代词单复数的演变频次及态势如图 8 所示：单数处于不断递减中，复数则处于缓慢递减中，说明人们对自我个体的关注出现一定程度的减少，适当关注他人的存在。

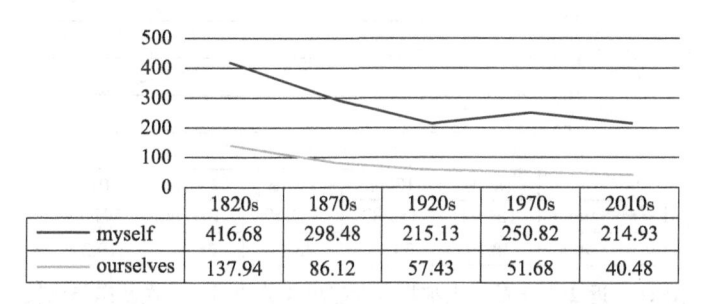

	1820s	1870s	1920s	1970s	2010s
— myself	416.68	298.48	215.13	250.82	214.93
— ourselves	137.94	86.12	57.43	51.68	40.48

图 8　近 200 年第一人称反身代词单复数的演变频次及态势比较

4.5　物主形态

通过考察 COCA 语料库的五种不同文体，本研究发现：第一人称物主形态单数的总量只有 302.71，其中小说中最多，达 135.20；学术文体中最少，只有 20.76，因此，按照频次可排列为：小说 > 口语 > 期刊 > 新闻 > 学术。然而，第一人称物主形态复数的总量只有第一人称物主形态单数总量的 25% 左右，为 76.01，主要出现在小说中，达 23.24；学术文体中则最少，只有 9.18，因此，按照频次可排列为：小说 > 口语 > 期刊 > 新闻 > 学术。第一人称物主形态单复数的文体分布频次及态势如图 9 所示：小说中的单数表现最为凸显，说明每个人都非常关注领属物的归属。

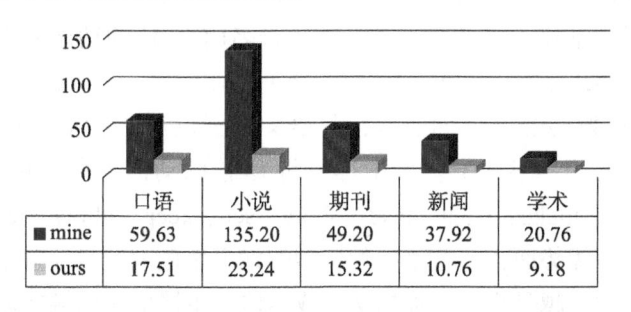

	口语	小说	期刊	新闻	学术
■ mine	59.63	135.20	49.20	37.92	20.76
■ ours	17.51	23.24	15.32	10.76	9.18

图 9　第一人称物主形态单复数的文体分布频次及态势比较

通过考察 COHA 语料库的五个不同时段，本研究发现：近 200 年来，第一人称物主形态单数的总量达 721.96，19 世纪 20 年代为峰值，达 184.92；21 世纪第一个十年为低谷期，只有 101.12，因此，按照频次可排列为：1820s>1870s>1920s>1970s>2010s。然而，第一人称物主形态复数的总量只有第一人称物主形态单数总量的 20% 左右，为 146.66；19 世纪 20 年代最多，达 38.39；21 世纪第一个十年则最少，只有 19.29，因此，按照频次可排列为：1820s>1870s>1970s>1920s>2010s。近 200 年第一人称物主形态单复数的演变频次及态势如图 10 所示：单数形态处于快速递减态势中，而复数形态处于缓慢递减态势中，再次说明个体对领属物的关注在快速减少，更注重适当与他人分享。

	1820s	1870s	1920s	1970s	2010s
mine	184.92	153.87	144.59	137.46	101.12
ours	38.39	34.38	26.19	28.41	19.29

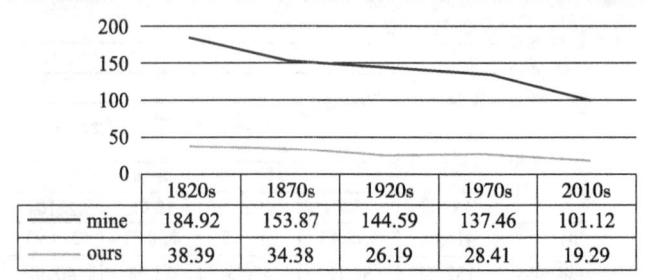

图 10　近 200 年第一人称物主形态单复数的演变频次及态势比较

5. 组构的动词义

由于代词所组构的一个重要成分是动词，因此本研究根据 COCA 语料库，就主格（I/We_v*）和宾格（_v* me/us）所涉动词的认知语义进行考察，结果显示：就主格单数的施事动词而言，主要是中性助动词、情态动词、心理动词和行为动词等，其中排名前 15 位的动词分别是 be、do、think、have、will、know、can、mean、want、get、say、love、guess、need、feel。就主格复数的施事动词而言，其语义类别与单数基本相同，只不过二者的频次和排序有一点差异。其中排名前 15 位的动词分别是 be、have、can、do、need、will、shall、get、know、want、get、go、must、see、think。就宾格单数的受事动词而言，主要是与日常生活密切相关的行为，其中排名前 15 位的动词分别是 let、tell、give、excuse、help、make、want、call、ask、believe、see、trust、take、hear、kill。就宾格复数的受事动词而言，其语义类别也与单数基本相同，不过二者的频次和排序有一些差异。其中排名前 15 位的动词分别是 tell、let、give、join、help、get、make、want、take、show、see、keep、allow、leave、kill。

就主格形态优势而言，这是一种典型的施事角色表现，反映了人的支配欲与控制欲。同时，越是主观性强的文体或语体，主格形态的频次就越高，反之亦然。Biber et al.（1999）发现，主格形态的确在所有文体域中都远超宾格等其他形态,其中会话和小说中的高频代词主要与其个体、思想和行为有关。会话中第一人称的出现频次最高,原因在于第一人称是会话的直接参与者,主要关注当下的事物。而学术文体中的"人"只是一个被边缘化(marginal)的角色,因为这种文体本身要求尽量减少人员参与,从而增强客观性。总之,不管是单数还是复数,也不管是主格还是宾格,与其组构的动词基本都是助动词、情态动词、心理动词或行为动词,且基本都是本族语词汇,很少涉及外来语词汇,充分体现了口语色彩方面的生活性、交际性、常用性和稳定性。

6. 深层理据

不管何种形态表征,单数的"自我"表现都最为凸显,且以主格形态为主,其深层理据可能在于凸显大写"I"、自我文化、自我心理和自我意识。

首先,凸显大写"I"。大写"I"可以说是西方文化的"魂",也是其根所在。若是没有这样的凸显表征,西方文化可能需要重写或重述,这充分体现在生活、工作、交流、投资、医疗和教育等各个方面。既然个体是中心,那么隐私必然高于一切。这样,目前中国人生活中所拥有的生活必备,如支付、网上购物、共享单车和外卖等,在西方就较难盛行,只能是一种"望梅止渴"式的奢望。

其次,自我文化。每个人来到这个世界,不可避免都要与其生存的特定社会发生关系。因为除了自己,还有他人存在,因此必然与他人发生各种关系,如家庭中的父子关系、工作中的上下级关系、生活中的朋友关系等。换言之,任何人都不能置身其外,形成一个封闭的"自我中心"——我行我素、独来独往的生存状态。刘君红(2016)基于中美电视访谈节目主持人的语料,发现中国主持人更多使用第一人称复数凸显自我所属的集体形象,并将自我独立于话题外;美国主持人则大量使用第一人称单数积极地自我呈现或介入话题。根据北京外国语大学研发的 TECCL 语料库,本研究发现:与英语本族语者的口语体相比,中国人较少使用单复数人称代词。若与其进行整体比较,相较于英语本族语者,中国人较多使用复数人称代词,体现了集体文化与个体文化的根本性差异。郭斯萍等(2012)认为西方的"自我"是建立在人与自然关系突破基础上的西方文化,通过法制社会与宗教皈依的文化设计,以解决自私这个人性的"万有引力"问题,自我的孤独问题也融于彼岸天国及上帝救赎的精神体验中。然而,中国传统文化以人情与礼仪交融的方式,进行以血缘人伦情感为起点、由内而外、由近而远"推"的心理运作,即推己及人及社会乃至天地万物。换言之,源于人性的自我的"双重危机",就在此岸世界以人伦情感的此在、体验、推及、沟通并合一的方式得以解决,此即中国古代圣贤的伦理自我的修炼与成长历程。

再次，自我心理。"自我"概念一直是心理学研究中的一个热门话题，因为它直指心理学的根本问题——人是什么？几乎每个西方心理学流派的顶尖人物（除华生外）都对"自我"有相当程度的关注与研究。刘双、马敬然（2008）认为，在心理学中，"自我"主要是从人的感知觉和人与外部世界的联系等方面来讲，其中最负盛名的是弗洛伊德的精神分析学派对自我的探讨。弗洛伊德提出一种人格结构，认为人由本我、自我和超我构成。本我又称"伊底"，是最初级、最根本、最原始的我，是人的心理活动的内驱力。自我又称 ego，自我的作用是监督本我，充当本我行为能否进行的仲裁者。超我又称 superego，是理想的、设定的我，处于人格的最高层，按至善原则活动。这三种状态有时较易统一，有时较难统一，关键在于人们的识解凸显。美国实用主义者詹姆斯（廖凤林、车文博 2002）认为，自我不是抽象的，而是生活着的我。他把自我分为主动的我（I）和被动的我（Me）。最重要的是自我存在方式，为了自我的存在，人们首先必须关心自己，同时也要关心朋友。在最低的自私自利的基础上要关心他人，以防止被社会淘汰，因而又必须认识社会上的其他事物，将这些认识的东西形成集合体，作为被动的我，为我所占有。这时主动的我就不是一个实体，而是一种意识流，每时每刻都在发展变化，以致后来被自我所占有。这样，主动的我与被动的我就被统合在"自我"这一意识流之中。自我是为了适应而存在。不过，汪凤炎、郑红（2007）通过对汉语"我"一字作语义分析后发现，"我"的最原始含义从"我"字的字形可清楚看出。"我"字之形是"以手执戈"，表明"我"是伴随兵器出现的。换言之，中国的先民一开始并没有自我的观念，而是人我不分、人物不分的。只是到了某一天，他们才突然意识到人我之间、我与外界事物之间有一定区别，于是力图将自己与他人或他事区别开来，并进而将某些东西视为自己独有，在未经允许下，别人不可以染指。中国人深受孔孟思想的影响，而孟子力倡人性本善，注重人禽之别，这样，在中国人的自我观念里，"超我"的成分占有很大的比例，"自我"的成分较少，基本上可以排除"本我"的地位。以性善论为基础塑造出来的自我结构图虽然"美好如画"，但因为没有给予"本我"应有的地位，在绝大多数人看来，这种自我结构图虽"可敬"但不"可亲"，难以在多数人心中扎根。在西方社会里，人们大多由于深受基督教原罪教义的影响而相信人性本恶，由此多承认"本我"的存在，在西方人的"我"的观念里，"本我""自我"和"超我"三分天下，各有其一。

最后，自我意识。人们以自我意识和看法作为衡量万物的尺度。Goffman（1959）认为社会是一个大舞台，人人都在表演，以给别人留下深刻印象。自我表现是自我向他人或是自己呈现出所希望的形象。作为社会性的动物，人们总是想给别人留下印象以维护自己的自尊和形象。对于一些人来说，有意识的自我表现就是一种生活方式，他们随时监控自己的言行举止，注意他人的反应，然后调整自己的表现以获得所希望的效果。他们的表现随着外部环境的改变而作出及时调整。面对他人这面镜子，他们所表现出来的态度有时并不是真正想法，而是为了适应社会环境所发挥的自身调节功能，即为了有助于适应新的工作、角色或人际关系而表现出来的。人们非常在意他人的评价，在工作场所，他们受到同事和上司的评价，在路上，他们被陌生人评价，即使在家庭中，子女对父母或父母对子女的评价也会影响人的自尊和自信。因此，人对自我的认识是通过别人的眼睛来判断的，个人甚至通过某些自我表现手段来影响他人对自己的看法，以此来获得自信和满足。西方文化强调以自我为中心作为万物的量度，这一点尤其体现在个体主义的观点上。西方哲学强调自我的独立存在，强调自我在时间里的存在，而不是空间里的存在，从而将自我从社会中抽象出来。西方文化推崇的是自我独立的个性，而不是努力完成他人希望的群体性格，反感没有个性的盲从。个人的身份是由自己的特性和目标所决定的，个人的成就、权力、自由是最为重要的。西方文学作品也反映了崇尚个性的传统，从荷马史诗《伊利亚特》到马克·吐温的《哈克贝利·费恩历险记》，歌颂的都是个人英雄主义或个性鲜明的人物，而不是为了完成他人期待的人物（孟宏党 2010）。

7. 结语

本文通过大型英语语料库对第一人称代词形态进行实证考察，结果发现：不管何种形态表征（主宾格、领属、反身和物主），单数的"自我"表现最为凸显且以主格形态为主，其深层理据可能在于西方文化中的大写"I"、自我文化、自我心理和自我意识定位。同时，"自我"表征还有 self-、ego- 等前缀形态，排名前 10 位的分别是 self、selfish、self-esteem、self-defense、self-efficacy、self-determination、self-interest、self-confidence、self-help、self-conscious 和 ego、egos、egotistical、egocentric、egotism、egomaniac、egoistic、egotist、egoist、ego-driven（COCA 语料库）。前者总体呈现一定的递减态势，而后者则呈现出一定的递增态势（COHA 语料库），但前者频次高，占据主导地位，说明西方文化的自我中心价值观没有多少松动。

注　释

1　网址：https://www.english-corpora.org/coca/
2　网址：https://www.english-corpora.org/coha/

参考文献

Biber, D., S. Johansson, G. Leech, S. Conrad & E. Finegan (eds.). 1999. *Longman Grammar of Spoken and Written English* [C]. Harlow: Pearson.
Goffman, E. 1959. *The Presentation of Self in Everyday Life* [M]. New York: Anchor Books.
Swan, M. 2005. *Practical English Usage* (3rd ed.) [M]. Oxford: Oxford University Press.
郭斯萍、陈四光、党彩萍，2012，无我之我：试论理学之伦理自我观 [J]，《广州大学学报（社会科学版）》（9）：71-77。
哈德（编），2000，《牛津英语词源词典：英文》（*Oxford Concise Dictionary of English Etymology*）[C]。上海：上海外语教育出版社。
李赋宁，2005，《英语史》[M]。北京：商务印书馆。
廖凤林、车文博，2002，西方自我概念研究中的哲学基础 [J]，《心理科学》（3）：350-351。
刘丹青，2008，《语法调查研究手册》[M]。上海：上海教育出版社。
刘君红，2016，第一人称代词标记性话语策略及其文化身份建构差异——基于中美电视访谈节目主持人语料 [J]，《中国外语》（5）：36-42。
刘　双、马敬然，2008，中西方"自我观"比较 [J]，《社科纵横》（1）：192-193。
孟宏党，2010，论西方文化中自我意识的隐喻表达 [J]，《浙江社会科学》（1）：103-107。
汪凤炎、郑　红，2007，论中西方自我的差异 [J]，《西南大学学报（人文社会科学版）》（1）：11-16。

作者简介

刘国辉，上海海事大学外国语学院教授。主要研究领域：语言学理论及应用研究。
电子邮箱： mack_ghliu@163.com

词汇搭配类型对高中生阅读成绩影响的实证研究*

上海交通大学 鲍 珍

提要：本实证研究以搭配类型为自变量、阅读理解成绩为因变量，探究不同搭配类型（V-N 搭配、A-N 搭配）对高中生阅读理解成绩的影响。本研究的被试为 89 名上海市高二学生，收集了学生的 V-N 搭配成绩、A-N 搭配成绩及三次阅读成绩。经过 SPSS 数据处理，研究发现学生的 V-N 搭配成绩、A-N 搭配成绩均和阅读成绩呈显著正相关；V-N 搭配、A-N 搭配的中、高水平组的阅读成绩显著高于低水平组，而高水平组的阅读成绩没有显著高于中水平组；V-N 搭配水平、A-N 搭配水平均对阅读成绩具有较好的预测作用。总之，搭配类型对阅读成绩有显著影响。

关键词：搭配类型；阅读成绩；实证研究

1. 引言

高中阶段的阅读理解是教学和考试中的重要板块，教师虽引领学生进行大量的训练，但成效有限，学生出现阅读瓶颈。搭配（尤其是动—名搭配和形—名搭配）是阅读文本中的重要组成单位，搭配的整体存储与提取可以促进语言的整体输入和输出，提高语言理解的准确性和输出的地道性，并加快语言处理的效率。本研究基于搭配理论、实证数据及教学经验探索搭配类型对阅读理解的影响。

1.1 搭配

搭配是指词与词之间习惯性高频共现的语言现象。此概念自 Firth（1957）提出后一直是二语习得及英语教学等领域的热点话题。搭配的正确习得可以极

---

* 本文系上海交通大学"双一流"学科建设项目"语言认知与词汇习得"（项目编号：WF117114003/017）的阶段性成果。

大地提高学习者的语言水平,具体表现为输出更流利、更准确、更得体、更地道、更高效,输入更全面、更深刻(Wray 2002;Schmitt & Carter 2004)。学习者在语言输出过程中,心理词汇的提取分为创造性提取和整体性提取。整体性提取有利于提高语言输出的流利性、正确性和得体性(Wray 2002)。单个词在心理词汇中的组织分为纵聚合关系和横组合关系,后者囊括语义和句法元素,搭配属于被整体提取的词汇横组合关系。横组合关系对语言水平的促进作用已经毋庸置疑,有利于语言的整体性储存与提取,二语学习者如果成功习得搭配会提高输出和输入的效率和准确率(彭程、鲍珍 2017)。反之,错误的搭配不利于语义的正确解码和编码,搭配错误也是二语学习过程中普遍存在的现象。学习者易忽视搭配的共现性特征,单纯地根据词汇的词性和概念将其组合在一起。对于搭配的界定,学者还未达成一致,搭配、词组、程式语、习语、多词单位及语块等都具有类似的定义。本研究将"搭配"界定为:两个或多个词高频共现且相互吸引,相互影响语义,搭配力度相对较高,包括固定或半固定的词与词的组合。

Benson et al.(2010)将搭配分为两类:语法类搭配和实义类搭配,其中实义类搭配包括名词、动词、形容词、副词,不包含介词、不定式或小句。实义类搭配具体分为六小类:1)动词—名词;2)形容词—名词;3)名词—动词;4)名词—名词;5)副词—形容词;6)动词—副词。动—名搭配和形—名搭配出现的频率高且易给学生的语言学习造成困难(Nesselhauf 2003)。Yan(2010)发现,动—名(V-N)搭配和形—名(A-N)搭配分别占学生实义类搭配错误的 50% 和 25%。张军、李文中(2004)通过统计二语学习者的错误搭配发现,COLEC 语料库中 V-N 搭配和 A-N 搭配的错误率较高,占比分别为 55.85% 和 14.29%。因此,本研究的测试语料范围限定为第一类和第二类,即动—名(V-N)搭配,动词在前,名词在后,冠词可有可无,如 take care、make money、make an attempt;形—名(A-N)搭配,形容词在前,名词在后,如 hard work、fast food、green tea。

1.2 搭配与阅读

Tyler & Chard(2000)认为有六大基本要素会影响学生的阅读理解,包括背景知识、智力、语言能力、情感、阅读目的和阅读技能。阅读需要不同层面的认知操作同时进行,当学生在阅读时,他们需要从小的语言单位开始处理,逐渐过渡到较大的概念层。Brantmeier(2004)认为阅读者既需要自下而上的阅读方式,如从词汇层面入手;也需要自上而下的阅读方式,如激活背景知识,两种方式都需要占用注意和记忆等认知资源。语言的学习可以通过将语块或搭配知识存储在长期记忆中来实现，而不必依赖语法规则，从而减少认知负担。通过检索搭配，语言的接收和产出会变得更加有效。Pawley & Syder（1995）认为除了掌握语言规则，学习者还可以通过提取搭配知识来解码输入语言并输出地道、流利的语言。

目前，较多学者通过实证范式研究搭配对阅读理解的影响，并取得了一定的研究成果。例如，Qian（2008）、Keshavarz & Salimi（2007）和 Rahmawati（2017）均通过实证研究发现二语学习者的搭配能力与其阅读理解呈显著正相关，搭配知识可以促进阅读水平的发展。搭配知识促进阅读理解具体表现为：搭配知识可以帮助读者以语块的形式整体处理语言，提高语言处理效率。Hsu（2010）发现进行搭配教学的实验组在阅读理解方面要优于控制组（包括单词教学或无教学干预），搭配教学可以显著提高学生的阅读理解能力。Sadighi & Sahragard（2013）发现文本的搭配密度对学生的阅读理解也会产生重要影响。Vilkaitė & Schmitt（2019）和 Pulido（2021）通过眼动研究发现外语学习者在阅读搭配词时要显著快于非搭配词，且搭配水平影响外语阅读时的语言处理效率。Jiang et al.（2020）发现成人及小学生在阅读搭配词时均快于非搭配词。

A-N 搭配构成了传统语法中的主语、宾语及表语，形容词（A）主要用于修饰名词（N），某些情况下反映了作者的情感态度及情感强度，对于解读语篇背后的推断或引申意义具有重要的参考价值。另外，从功能句法的角度来说，A-N 搭配也反映了整个事件发展过程中的施事及受事，对于学生把握事件中的人物关系或事物关系具有重要影响（Halliday 1979）。V-N 搭配构成了传统语法中的谓语部分，学生可以从该部分解读出动作的时态、语态及情态等信息；另外，名词（N）在该结构中可以帮助学生获得动作的指向对象。从功能句法的角度来说，V-N 搭配构成了事件发展的核心部分，即对事件本身的描述，学生可以从中获得"如何发生"及"发生什么"等信息（Halliday 1979），从而填补大脑中关于目标事件的信息。总的来说，A-N 搭配和 V-N 搭配是学生了解事件发展中 what、how、who 的基本信息。两种搭配均影响学生解码阅读文本中的信息。

但是，前人的研究主要集中在高校被试或高校搭配教学，较少关注基础教育中搭配和阅读的关系。另外，前人的研究主要是笼统地分析、阐述搭配对学生阅读理解的影响，没有具体分析不同类型的搭配对阅读理解的影响是否有差异。英语教师对搭配和阅读理解的影响主要从教学实践和教学步骤入手，进行经验式总结和分享，缺少一定的实证依据和数据验证（宋桂霞 2002）。本研究基于实证研究范式，以上海市某重点高中的学生为被试，从实验教学中收集学生的搭配成绩和阅读成绩，通过数据处理与分析来回答以下研究问题：

1）V-N 搭配水平与阅读成绩的相关性如何？V-N 搭配水平对阅读成绩是否有显著影响？如果有，V-N 搭配水平对阅读成绩的预测系数如何？

2）A-N 搭配水平与阅读成绩的相关性如何？A-N 搭配水平对阅读成绩是否有显著影响？如果有，A-N 搭配水平对阅读成绩的预测系数如何？

2. 研究设计

2.1 被试

研究对象来自上海市某重点高中的两个自然班，共 89 名高二学生，其中男生 43 人，女生 46 人，平均年龄 16 岁，平均有 13 年的英语学习经历。

2.2 实验变量

在本实验中，学生的 V-N 搭配水平、A-N 搭配水平均为自变量，学生的阅读成绩为因变量。控制变量包括教师、教学法、教材及测评等，英语教师均为同一人，教学法均为任务教学法结合语法翻译教学法，教材均为《牛津英语》（沪教版）、《大学英语精读》和《中学生英语阅读新视野》，测评均为学校统一安排的阶段性评估。笔者通过实验教学收集的数据来验证自变量对因变量的影响。

2.3 实验工具

89 名被试均参与了笔者组织的两次搭配水平测试。量表参考了 Nguyen & Webb（2017）设计的搭配水平量表，包括 90 对 V-N 搭配，学生需要根据给定的名词从四个动词选项中选出恰当的搭配词；90 对 A-N 搭配，学生需要根据给定的名词从四个形容词选项中选出恰当的搭配词。在量表中，搭配的构成单词频率均控制在 1,000—3,000 范围内，整个搭配在美国当代英语语料库（Corpus of Contemporary American English，COCA）中的最低频率为 50，搭配力度 MI 值最低为 3.0，所有单词都在上海市高考考纲范围内，确保学生不会因为单词识别障碍而产生错误搭配。搭配测试分两次进行，每次测试时长 30 分钟。由于题型均是选择题，采用机器阅卷，确保搭配分数的准确性及可靠性。

89 名被试均参与了笔者组织的三次阅读水平测试，时间跨度为一学期。量表选自 2020 年上海市三个区一模阅读部分，一模试题均为区级教研室精心编制，信度较高。阅读文体包括记叙文、应用文、说明文等，测试题型包括完形填空、阅读单选、选句填空。阅读测试总分为 45 分（最后统一换算为百分制），测试时间为 40 分钟。由于全部为选择题，统一采取机器阅卷，信度较高。本研究取三次阅读成绩的平均分作为被试的阅读水平。

2.4 搭配实验教学过程

搭配实验教学过程分为以下几个步骤：第一，教师引导学生以头脑风暴的方式想出任意名词、动词、形容词，并通过查词典的方式了解其对应的常用搭配词；第二，教师引导学生搜索乐队、电影、书籍及音乐的名称，通过词典来校验是否为搭配；第三，使用词典完成搭配方格训练；第四，让学生基于词表分组讨论单词相应的搭配词，多多益善；第五，教师引导学生将单词卡片配对以形成搭配，如 heavy+rain、lucky+break、broad+smile 等，随后教师组织学生基于搭配进行造句或翻译。

2.5 数据处理方法

本研究使用 SPSS 先对数据进行基本处理，获得描述性统计数据，如均值、标准差等。然后，使用 Pearson 相关分析来检验 V-N 搭配水平、A-N 搭配水平与阅读成绩是否呈现显著正相关。随后，笔者根据被试不同类型搭配的水平，将学生分为三组（高、中、低），并通过单因素方差分析以确保组与组之间不同类型的搭配水平存在显著差异。笔者以一种类型的搭配水平为自变量，另一种类型的搭配水平为协变量予以控制，阅读成绩为因变量，通过协方差分析来检验搭配水平的主效应。如果主效应显著，笔者会再通过事后多重比较来具体检验组与组之间的差异值是否显著。最后，笔者通过强制回归分析分别得出 V-N 搭配水平、A-N 搭配水平对阅读成绩的预测系数。

3. 数据分析

89 名被试的 V-N 搭配均值 M=67.453（SD=6.316）；89 名被试的 A-N 搭配均值 M=62.393（SD=8.692）。配对样本 t 检验结果显示，V-N 搭配成绩显著高于 A-N 搭配成绩，均值差 MD=5.060（SD=7.449），t（89）=6.446（p=0.000），与前人研究结果一致（如彭程、王同顺 2016）。相关分析结果显示，V-N 搭配成绩与 A-N 搭配成绩呈现显著相关，r=0.546（p=0.000）。89 名被试的三次阅读测试均值 M=72.244（SD=11.356），三次阅读成绩之间的 Cronbach's α=0.821，说明阅读测试分数可信度较高，较能真实反映学生的阅读水平。

3.1 V-N 搭配水平对阅读理解的影响

3.1.1 V-N 搭配水平与阅读成绩的相关性分析

本研究通过使用 SPSS 中的相关分析发现，V-N 搭配成绩和阅读成绩呈现显著正相关，r=0.610（p=0.000），即 V-N 搭配水平越高，学生的阅读成绩越高。

3.1.2 V-N 搭配水平三组间阅读成绩的差异

本研究将 89 名被试的 V-N 搭配成绩从高到低进行排序，并抽取前部 26%、中部 26% 及后部 26% 的被试分别代表搭配的高水平组、中水平组及低水平组。高水平组的 V-N 搭配均值 M=74.870（72.20—81.10），SD=2.79，n=23；中水平组的 V-N 搭配均值 M=67.465（66.70—68.90），SD=0.77，n=23；低水平组的 V-N 搭配均值 M=59.317（50.00—63.30），SD=4.11，n=23。经单因素方差分析，组间的 V-N 搭配水平有显著差异，即 F（2, 66）=164.837，p=0.000。经事后多重比较，结果显示，组与组之间均存在显著差异，高水平组的 V-N 搭配水平显著高于中水平组，MD=7.404（p=0.000）；中水平组的 V-N 搭配水平显著高于低水平组，MD=8.148（p=0.000）；高水平组的 V-N 搭配水平显著高于低水平组，MD=15.552（p=0.000）。三组被试的 V-N 搭配水平两两之间呈现显著差异，说明分组有效，确保了后续对阅读成绩的协方差分析的有效性。

随后，本研究以 V-N 搭配水平为自变量，A-N 搭配水平为协变量，阅读成绩为因变量进行协方差分析，结果显示 V-N 搭配水平和 A-N 搭配水平之间交互效应不显著（p>0.05），满足协方差分析条件。协方差分析结果显示，在控制了 A-N 搭配水平的影响后，V-N 搭配水平的主效应显著，即 F（2, 65）=12.473，p=0.000。经过事后对比分析，在控制 A-N 搭配水平的情况下，高水平组的阅读成绩高于中水平组，但不显著，MD=0.76（p>0.05）；中水平组的阅读成绩显著高于低水平组，MD=10.73（p=0.001）；高水平组的阅读成绩显著高于低水平组，MD=11.49（p=0.000），如表 1 所示。

表 1 控制 A-N 搭配水平后的组间阅读成绩差异

因变量	高水平组（n=23）		中水平组（n=23）		低水平组（n=23）		阅读成绩差异（MD）
	M	SD	M	SD	M	SD	
阅读成绩	75.54	1.57	74.77	1.75	64.04	1.77	高水平组—中水平组 =0.76 中水平组—低水平组 =10.73** 高水平组—低水平组 =11.49**

注：**p<0.01

3.1.3 V-N 搭配水平与阅读成绩的回归分析

在确定了 V-N 搭配水平对阅读成绩有显著影响后，本研究再通过 SPSS 中的回归分析来量化 V-N 搭配水平对阅读成绩的预测系数，以求得自变量"V-N 搭配水平"和因变量"阅读成绩"的回归方程式。强制回归结果显示，V-N 搭配水平对阅读成绩具有较好的预测作用，R^2 为 0.350，即 V-N 搭配水平能解释阅读成绩35%的变异（如表2所示），这再次说明V-N搭配水平越高的学生，其阅读成绩也越高。标准化回归方程为：阅读成绩=0.965×V-N搭配水平+3.792。

表2 V-N搭配水平与阅读成绩的回归分析

变量类别		R	R^2	Adjusted R^2	F (1,87)	Beta	Constant	t (87)
因变量	阅读成绩	0.592	0.350	0.343	46.938**			
自变量	V-N搭配水平					0.965	3.792	6.851**

注：**$p<0.01$

3.2 A-N搭配水平对阅读成绩的影响

3.2.1 A-N搭配水平与阅读成绩的相关性分析

89名被试的A-N搭配均值M=62.393（SD=8.741），三次阅读测试均值M=72.244（SD=11.356）。本研究通过使用SPSS中的相关分析发现，A-N搭配水平和阅读成绩呈现显著的正相关，$r=0.635$（$p=0.000$），即A-N搭配水平越高，学生的阅读成绩越高。

3.2.2 A-N搭配水平三组间阅读成绩的差异

本研究将89名被试的A-N搭配成绩从高到低进行排序，并抽取前部26%、中部26%及后部26%的被试分别代表高水平组、中水平组及低水平组。高水平组的A-N搭配均值M=72.083（67.80—81.10），SD=4.225，n=23；中水平组的A-N搭配均值M=62.774（60.00—64.40），SD=1.402，n=23；低水平组的A-N搭配均值M=50.626（37.80—56.70），SD=4.875，n=23。经单因素方差分析，组间的A-N搭配水平有显著差异，即F（2,66）=183.263，$p=0.000$。经事后多重比较，结果显示组与组之间均存在显著差异，高水平组的A-N搭配水平显著高于中水平组，MD=9.31（$p=0.000$）；中水平组的A-N搭配水平显著高于低水平组，MD=12.15（$p=0.000$），高水平组的A-N搭配水平显著高于低水平组，MD=21.46（$p=0.000$）。三组被试的A-N搭配水平两两之间呈现显著差异，说明分组有效，确保了后续对阅读成绩的协方差分析的有效性。

随后，本研究以A-N搭配水平为自变量，V-N搭配水平为协变量，阅读成绩为因变量进行协方差分析，结果显示A-N搭配水平和V-N搭配水平之间交互效应不显著（$p>0.05$），满足协方差分析条件。协方差分析结果显示，在控制了V-N搭配水平的影响后，A-N搭配水平的主效应显著，即F（2,65）=15.59，$p=0.000$。经过事后对比分析，在控制V-N搭配水平影响的情况下，高水平组的阅读成绩高于中水平组，但不显著，MD=3.19（$p>0.05$）；中水平组的阅读成绩显著高于低水平组，MD=10.59（p=0.000）；高水平组的阅读成绩显著高于低水平组，MD=13.78（p=0.000），如表 3 所示。

表 3 控制 V-N 搭配水平后的组间阅读成绩差异

因变量	高水平组（n=23）		中水平组（n=23）		低水平组（n=23）		阅读成绩差异（MD）
	M	SD	M	SD	M	SD	
阅读成绩	78.48	1.71	75.29	1.56	64.70	1.72	高水平组—中水平组 =3.19 中水平组—低水平组 =10.59** 高水平组—低水平组 =13.78**

注：**p<0.01

3.2.3 A-N 搭配水平与阅读成绩的回归分析

在确定 A-N 搭配水平对阅读成绩具有显著影响后，本研究再通过 SPSS 中的回归分析来量化 A-N 搭配水平对阅读成绩的预测系数，以求得自变量"A-N 搭配水平"和因变量"阅读成绩"的回归方程式。强制回归结果显示，A-N 搭配水平对阅读成绩具有较好的预测作用，R^2 为 0.420，即 A-N 搭配水平能解释阅读成绩 42% 的变异（如表 4 所示），这再次说明 A-N 搭配水平越高的学生，其阅读成绩也越高。标准化回归方程为：阅读成绩 =0.768×A-N 搭配水平 +20.969。

表 4 A-N 搭配水平与阅读成绩的回归分析

变量类别		R	R^2	Adjusted R^2	F (1,87)	Beta	Constant	t (87)
因变量	阅读成绩	0.648	0.420	0.414	63.094**			
自变量	A-N 搭配水平					0.768	20.969	7.943**

注：**p<0.01

4. 结果讨论

经过数据处理发现，V-N 搭配水平和阅读成绩呈显著正相关，且对阅读成绩有较好的预测作用；V-N 搭配水平对阅读成绩影响的主效应显著，V-N 高水平组的阅读成绩高于中水平组，但不显著。A-N 搭配水平和阅读成绩呈现显著正相关，且对阅读成绩有较好的预测作用；A-N 搭配水平对阅读成绩影响的主效应显著，A-N 高水平组的阅读成绩高于中水平组，但不显著。本研究将主要讨论组间差异显著与否的原因。

4.1 搭配中、高水平组之间在阅读成绩方面没有显著差异的原因

首先，从被试的角度来讨论。被试来自上海市某教育部直属高中，被试总体的语言水平在全市均属较高水平，中水平组虽然在搭配成绩上低于高水平

组，但其总体语言水平依旧属于较高水平，因此中水平组在理解文本时总体接近高水平组，搭配知识的差异没有显著影响其解码文本。另外，中、高水平组可能在认知水平、先验知识及阅读策略等方面没有显著差异，这些个体差异因素也会对解码文本的过程构成重要影响（Tyler & Chard 2000）。被试在解码文本时会调用不同的知识及技能，通过共同作用来影响阅读理解，而搭配知识只是其中一部分。因此当其他影响因素在组间一致或趋同的情况下，搭配知识对中、高水平组阅读成绩的影响会被削弱，产生不显著的成绩差异。其次，从阅读文本角度来讨论。文本除了搭配知识，还包括词汇、话题、体裁、句法、语篇结构等重要信息。搭配知识只是文本的重要要素之一，会对学生阅读产生重要影响，但不会产生决定性影响。当中、高水平组在其他知识方面相当时，搭配知识的差异不足以引起其在阅读理解方面的差异，其他知识会在被试解码原文时产生积极的辅助作用，帮助被试跨越搭配障碍，从而较为顺利地解码文本意义。另外，本研究使用的阅读测试文本所包含的 V-N 搭配及 A-N 搭配密度未达到较高水平，对于中水平组的被试来说，没有构成解码障碍。例如，笔者抽取了三套 CET-4 阅读文本进行对比，通过 Coh-Metrix 计算得出其名词短语密度均值 $M=374.127$（$SD=5.663$），动词短语密度均值 $M=263.215$（$SD=4.068$）及可读性系数均值 $M=12.533$（$SD=0.551$）。对比之下，本研究中的阅读文本的名词短语密度均值 $M=319.298$（$SD=7.728$），动词短语密度均值 $M=191.640$（$SD=22.488$）及可读性系数均值 $M=9.633$（$SD=0.808$），经过独立样本 t 检验，两组数据之间均存在显著差异。这说明对于 V-N 及 A-N 搭配密度较高的文本，其阅读难度会相应提高（Sadighi & Sahragard 2013），而本研究所使用的阅读文本的搭配密度相对不高，对中水平组的被试来说，不构成阅读障碍。最后，从测试角度来讨论。搭配知识的确相对提高了学生解码文本的速度（Pulido 2021），但考试时间相对比较充裕（40 分钟），据观察，被试均能有效完成试题。因此，充裕的考试时间给中水平学习者提供了机会去解码语篇中的搭配，降低了认知负载压力，弥补了与高水平组之间的搭配知识差距。中水平组的被试可以有足够的时间根据上下文、背景知识及句法结构推断或预测搭配在文中的意义，因此中、高水平组之间解码文中搭配的差距，主要在于解码时间的长短，而非准确率。另一方面，本研究中的阅读测试采取的是选择题题型，信度较高，但效度有待提高。被试可以在测试过程中采取"测试技巧策略"（test-wiseness strategies），如先排除后猜测或先读题再去文中寻找答案，这些都可以帮助被试高效并快捷地解题（Bachman 1990）。换言之，中水平组的被试可以在不用完全理解文本的情况下通过解题策略来选对选项，从而缩小和高水平组被试之间的阅读成绩差异。

4.2 搭配中、高水平组和低水平组之间的阅读成绩存在显著差异的原因

一方面，无论是 V-N 搭配还是 A-N 搭配都会影响学习者解码语篇的速度。搭配由于其存储的整体性，可以帮助学习者快速解码阅读语篇，提高阅读效率（卫乃兴 2003）。搭配的知识储备有利于推进学习者的快速阅读策略，如略读（skimming）和扫读（scanning），帮助学生在找到目标话语资源时能快速解读并作出判断。学生会因其搭配水平的差异而使用不同的语篇解读策略。搭配水平较高的学生能够以相对较大的语言单位为基础进行文本解码，避免低效的"自下而上"的解码路径，符合语言处理的经济原则（倪锦诚 2014）。由于该过程中，学习者较多地激活整体存储的搭配，较少逐字解码搭配，节省了大脑中的注意等认知资源，学习者可以将多余的认知资源分配至句子、段落或语篇层面进行文本解析，从而进一步提高篇章阅读的速度。搭配水平较低的学生往往采用"单词+语法"相结合的模式进行逐字逐句解码（徐泉 2010），大大降低了阅读的速度，注意等认知资源较多地分配在单词意义和句法分析层面，缺乏对段落及语篇层面的关注，降低了语篇整体理解的速度。另一方面，V-N 搭配和 A-N 搭配都对学习者解码语篇的正确性产生影响。搭配的整体存储及整体提取可以帮助学生正确解读语篇意义，避免机械堆砌单词意义。有些搭配含有二语特有的文化意义，在解码时不能简单将单词意义相加（王立非、张大凤 2006），例如 V-N 搭配中的 deliver a lecture（发表演讲）、do the dishes（洗碗）等；再如，A-N 搭配中的 black tea（红茶）、a couch potato（懒惰的人）等，学生如果根据其字面意义进行解读，将会产生错误意义，影响语篇理解。对于这些搭配，"单词+语法"的模式是彻底行不通的，只有掌握搭配知识才能保证阅读理解的正确性。搭配水平较高的学生可以基于搭配知识进行语篇解码，提高意义解读的准确性，避免中式思维的介入或母语语法的负迁移；而搭配水平较低的学生往往采用"自下而上"的解码路径，严重依赖单词意义及语法知识，解码过程不通畅且易出现意义偏差。

5. 结语

本研究发现，无论是 V-N 搭配还是 A-N 搭配，都与学生的阅读成绩呈现显著正相关，都对阅读成绩产生显著影响且具有一定的预测性。另外，两种搭配都能帮助学生快速、准确地解码语篇，提高理解的效率，因此搭配中、高水平组和低水平组在阅读成绩方面有显著差异。但是，由于中、高水平组的个体差异较小，文本阅读涉及要素较多以及测试的实施等原因，中水平组和高水平组在阅读成绩方面没有显著差异。因此，学习者在日常阅读中要尝试以搭配为单位进行文本解读，避免传统的"单词+语法"自下而上的文本解读方法，从而高效、正确地进行文本理解。

参考文献

Bachman, L. F. 1990. *Fundamental Considerations in Language Testing* [M]. Oxford: Oxford University Press.

Benson, M., E. Benson & R. Ilson. 2010. *The BBI Combinatory Dictionary of English: A Guide to Word Combinations* (3rd ed.) [M]. Amsterdam: John Benjamins.

Brantmeier, C. 2004. Building a comprehensive theory of adult foreign language reading: A variety of variables and research methods [J]. *The Southern Journal of Linguistics* 1: 1-7.

Firth, J. R. 1957. *Papers in Linguistics 1934-1951* [M]. Oxford: Oxford University Press.

Halliday, M. A. K. 1979. Modes of meaning and modes of expression: Types of grammatical structure, and their determination by different semantic functions [A]. In D. J. Allerton, E. Carney & D. Holdcroft (eds.). *Function and Context in Linguistic Analysis: A Festschrift for William Haas* [C]. Cambridge: Cambridge University Press. 57-79.

Hsu, J. 2010. The effects of collocation instruction on the reading comprehension and vocabulary learning of college English majors [J]. *The Asian EFL Journal* 12: 47-87.

Jiang, S., X. Jiang & A. Siyanova-Chanturia. 2020. The processing of multiword expressions in children and adults: An eye-tracking study of Chinese [J]. *Applied Psycholinguistics* 41: 901-931.

Keshavarz, M. H. & H. Salimi. 2007. Collocational competence and cloze test performance: A study of Iranian EFL learners [J]. *International Journal of Applied Linguistics* 17: 81-92.

Nesselhauf, N. 2003. The use of collocations by advanced learners of English and some implications for teaching [J]. *Applied Linguistics* 24: 223-242.

Nguyen, T. M. H. & S. Webb. 2017. Examining second language receptive knowledge of collocation and factors that affect learning [J]. *Language Teaching Research* 21: 298-320.

Pawley, A. & F. H. Syder. 1995. Two puzzles for linguistic theory: Nativelike selection and nativelike fluency [A]. In J. C. Richards & R. W. Schmidt (eds.). *Language and Communication* [C]. London: Longman. 191-226.

Pulido, M. F. 2021. Individual chunking ability predicts efficient or shallow L2 processing: Eye-tracking evidence from multiword units in relative clauses [J]. *Frontiers in Psychology* 11: 1-18.

Qian, D. D. 2008. Investigating the relationship between vocabulary knowledge and academic reading performance: An assessment perspective [J]. *Language Learning* 52: 513-536.

Rahmawati, E. Y. 2017. The effect of lexical knowledge of collocation on student's reading comprehension [J]. *International Journal of Social Sciences and Educational Studies* 3: 29-35.

Sadighi, S. & R. Sahragard. 2013. The effect of lexical collocational density on the Iranian EFL learners' reading comprehension [J]. *The Journal of Teaching Language Skills* 5: 111-136.

Schmitt, N. & R. Carter. 2004. Formulaic sequences in action: An introduction [A]. In N. Schmitt (ed.). *Formulaic Sequences: Acquisition, Processing and Use* [C]. Amsterdam: John Benjamins. 1-22.

Tyler, B.-J. & D. J. Chard. 2000. Using readers theatre to foster fluency in struggling readers: A twist on the repeated reading strategy [J]. *Reading and Writing Quarterly* 16: 163-168.

Vilkaitė, L. & N. Schmitt. 2019. Reading collocations in an L2: Do collocation processing benefits extend to non-adjacent collocations? [J]. *Applied Linguistics* 40: 329-354.

Wray, A. 2002. *Formulaic Language and the Lexicon* [M]. Cambridge: Cambridge University Press.
Yan, H. 2010. Study on the causes and countermeasures of the lexical collocation mistakes in college English [J]. *English Language Teaching* 3: 162-165.
倪锦诚，2014，交互作用阅读模式及其有效性实证研究 [J]，《西安外国语大学学报》(3)：72-75，84。
彭　程、鲍　珍，2017，二语水平、迁移及即时性对二语搭配习得的影响——基于心理词汇理论的一项实证研究 [J]，《天津外国语大学学报》(4)：55-60。
彭　程、王同顺，2016，母语迁移对二语心理词汇中搭配习得影响的研究 [J]，《当代外语研究》(4)：34-38，44。
宋桂霞，2002，英语搭配教学与阅读理解 [J]，《合肥工业大学学报(社会科学版)》(3)：96-98。
王立非、张大凤，2006，国外二语预制语块习得研究的方法进展与启示 [J]，《外语与外语教学》(5)：17-21。
卫乃兴，2003，搭配研究50年：概念的演变与方法的发展 [J]，《解放军外国语学院学报》(2)：11-15。
徐　泉，2010，外语教学研究视角下的语块：发展与问题 [J]，《中国外语》(2)：75-79。
张　军、李文中，2004，COLEC 中动名搭配模式及失误分析 [J]，《外语教学》(4)：30-32。

作者简介
鲍　珍，上海交通大学外国语学院博士研究生。主要研究领域：认知语言学、二语习得。
电子邮箱：1037207615@qq.com

认知翻译加工模式：并行还是串行？*

宁波大学　林晓敏　项　霞

提要：源语加工与译语加工究竟是同时进行还是相继发生？作为认知翻译学研究的核心议题之一，它极具争议，却未有定论。并行加工观认为两者同时进行，串行加工观认为两者相继发生，近年来实证研究中总结的混合加工观认为并行/串行并非彼此对立，而是交替共存。本研究爬梳了基于或反映并行/串行/混合加工的认知翻译加工模式，探讨各模式的加工规律及表现，并以实证研究充实理论假设，最后指出该领域研究的发展趋势：1）立足翻译全过程，构建动态、全局的理论模式；2）发展多语对、多组别、多手段的实证研究作为理论模式研究的根基；3）借助跨学科理论与方法为理论模式研究带来突破。

关键词：翻译加工；并行/串行；混合加工；理论模式；实证研究

1. 引言

20世纪中后期发轫于西方的认知翻译学主要借助认知语言学和认知心理学的理论与方法解释翻译认知过程，研究对象涉及信息加工模式、加工策略、加工单位、翻译能力、翻译专长及认知努力等认知要素（卢卫中、王福祥2013）。其中，聚焦信息加工模式的研究不免涉及"并行/串行"之争。

"并行/串行"的争论焦点是翻译过程中的源语理解阶段是否发生了译语重构。并行加工观（parallel approach）认为源语理解与译语重构同时进行（Gerver 1976；Danks & Griffin 1997；De Groot 2000）；串行加工观（serial approach）认为源语理解与译语重构相继发生（Seleskovitch 1976；Gile 1995）；而近几年的混合加工观（hybrid approach）认为并行/串行模式并非彼此对立，而是交替共存（Dragsted 2010；Carl & Kay 2011；Schaeffer & Carl 2013，2017）。

---

* 本文系国家社会科学基金项目"汉英视、笔译的语篇认知加工模式对比实证研究"（项目编号：17BYY089）的阶段性成果。

Balling et al.（2014：235）明确指出："翻译究竟是相继还是并行的过程？这是认知翻译学研究的核心议题之一。"针对此议题，项霞、耿明华（2019）以并行/串行为切入点对国内外相关实证研究展开考察分析。在此基础上，本文回顾并反思基于或反映并行/串行/混合加工的认知翻译加工模式，并以实证研究充实并行/串行假设，以期为后继研究提供理论依据与实证参考。

2. 并行/串行/混合模式的理论来源

模式是指一种经验理论，即对描述对象基本特征的简化表征（Chesterman 2012），以图表、公式及文本等形式呈现（Bell 1991）。在认知翻译研究中，翻译加工模式是对翻译认知加工过程的模式化。

为厘清翻译认知过程中源语理解与译语重构的关系，研究者（如 De Groot 1997，2000；Macizo & Bajo 2004，2006；Ruiz et al. 2008）借鉴了心理语言学的"并行/串行"概念。并行/串行加工是信息加工中的核心选择之一：前者指两个或多个加工过程同时进行，后者则指一次只执行一个加工过程（董燕萍、陈小聪 2020）。这对概念被引入认知翻译领域后特指源语译语转换的两种方式：并行加工指译者在完全理解源语语篇并形成完整的意义表征前便以一种持续并行的方式激活译语，通过词汇、语音、句法、语义层面的映射关系直接实现转换（Gerver 1976）（图1）；串行加工则指译者在源语理解结束并形成完整的意义表征之后，才脱离源语外壳，将源语信息转换为译语（Seleskovitch 1976）（图2）。

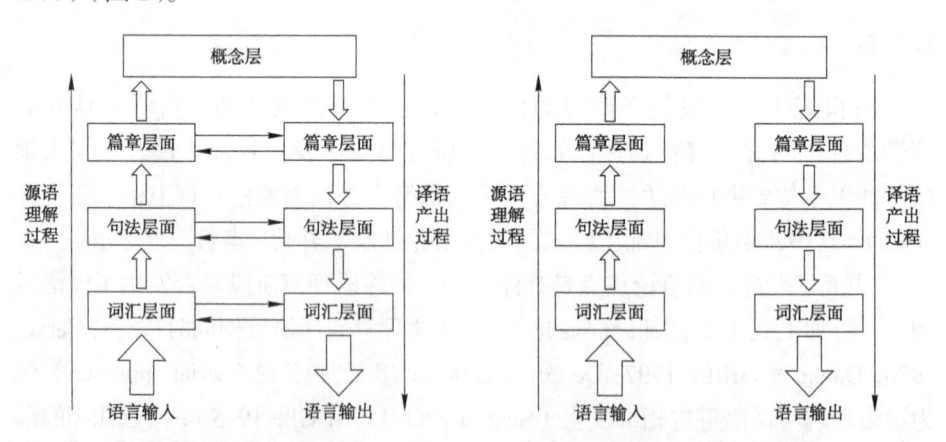

图1 并行模式下的口译过程
（林洁绚、董燕萍 2011：57，改编自 Macizo & Bajo 2004：184）

图2 串行模式下的口译过程
（林洁绚、董燕萍 2011：57，改编自 Macizo & Bajo 2004：183）

近年来，研究者借助自定义步速阅读法[1]或眼动追踪法[2]将原用于阐述口译研究的并行/串行假设拓展至视/笔译实证领域加以验证（Macizo & Bajo 2004, 2006; Ruiz et al. 2008; Dragsted 2010; Balling et al. 2014; 林洁绚、董燕萍 2011），并通过数据观察发现，非此即彼的并行、串行模式或过于武断，无法体现翻译的动态性、复杂性，由此提出并行/串行混合模式（Dragsted 2010; Schaeffer et al. 2016; Schaeffer & Carl 2013, 2017）。

本文将爬梳基于或反映并行/串行/混合模式的认知翻译加工模式及实证研究，研究文献来自中国知网（CNKI）全文数据库、Web of Science 及谷歌学术。笔者以"并行/parallel""串行/serial""翻译认知/translation cognition""翻译模式/translation model""加工模式/processing model"等关键信息作为主题、关键词检索项进行单独、交叉检索，初步获得 1970—2020 年间的文献，并结合 Connected Papers[3] 网站对所获文献的引用和被引情况开展筛查，最终确定 13 篇翻译加工模式研究，其中支持串行加工的文章有 4 篇，支持并行加工的文章有 5 篇，支持混合加工的文章有 4 篇；29 篇相关实证研究，其中支持串行加工的文章有 3 篇，支持并行加工的文章有 19 篇，支持混合加工的文章有 7 篇（图 3）；4 篇博士论文，其中支持并行加工的文章有 2 篇，支持混合加工的文章有 2 篇，均在正文中一并介绍。

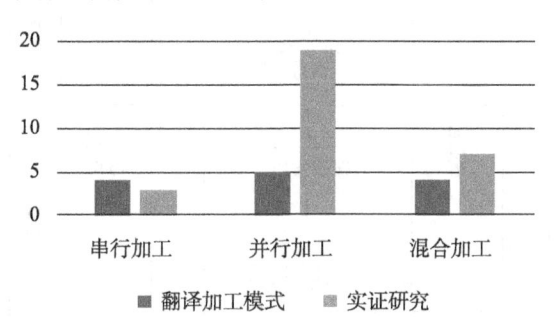

图 3 支持并行/串行/混合加工的翻译加工模式及实证研究

3. 基于并行/串行/混合加工的翻译加工模式

3.1 基于串行加工的翻译加工模式

释意学派（Seleskovitch 1976; Seleskovitch & Lederer 1984）提出源语到译语的转换有源语脱壳（deverbalization）和语码转换（transcoding）两种途径（图 4），并认为合格的译者基本采用源语脱壳这一途径，即译者在完成源语理解之后，根据源语所传达的意义（而非源语表层形式），产出符合译语表达习惯或口译实际需求的译语。这一观点被心理语言学研究者认为是串行加工的代表（De Groot 1997; Macizo & Bajo 2004, 2006）。

图 4　口译过程的三阶段模式（Seleskovitch & Lederer 1984：168）

Gile（1995）提出的口译加工模式更为丰富和细致。由图 5 可知，译者在源语理解阶段构建源语单位的意义假设，再调动已有的知识储存，对新输入的知识进行验证或纠错，直至产生合理的意义假设，方才进入译语表达阶段。上述两个口译加工模式中的源语理解、译语重构连续发生，其间不会发生重叠，体现出明显的串行加工特征。

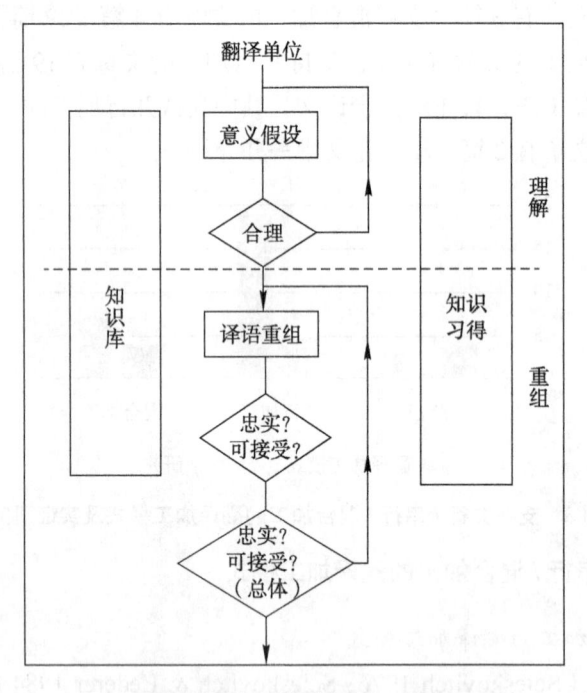

图 5　吉尔翻译加工模式（Gile 1995：102）

在笔译领域，Bell（1991）在系统功能语言学和人工智能理论基础上构建的翻译过程模式（图 6）展现了一个以小句为翻译单位的模块计算系统。该系统分为分析和综合两个模块：在分析阶段，译者首先识别源语词汇，继而通过句法分析、词汇搜索、语义和语用加工，在大脑中实现语义表征；在综合阶段，译者以源语语义表征为起点，逆向通过语用和语义分析、词汇搜索、句法综合加工，最终将其表征通过译语进行输出。

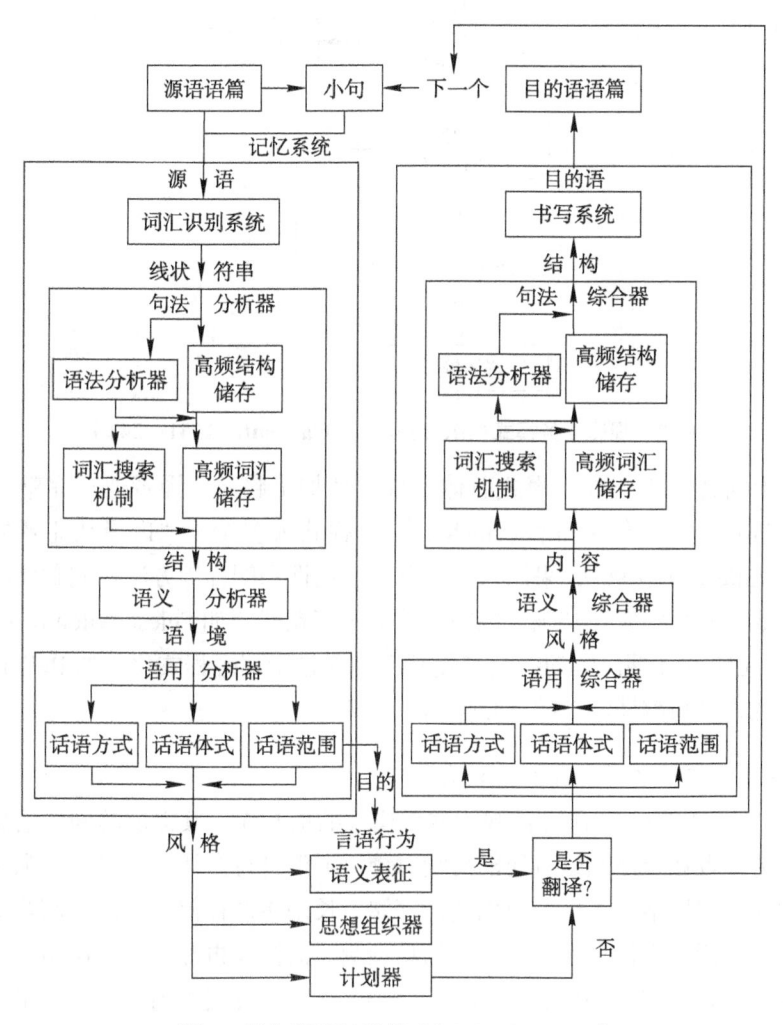

图6 贝尔翻译过程模式（Bell 1991：59）

相较于上述思辨研究，McDonald & Carpenter（1981）的视译眼动实验为构建更具应用性的理论模式提供了证据基础。基于实验结果，McDonald & Carpenter（1981）将视译任务模式（图7）分解为正常阅读模块（含句子解析）、错误修正模块以及针对解析单位的翻译模块，周而复始，源语理解与译语输出始终呈先后线性过程，支持串行加工模式。

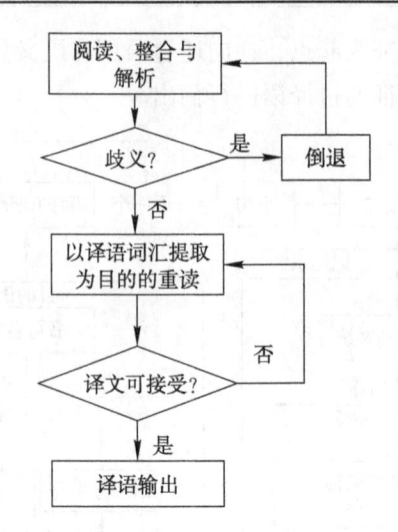

```
         ┌──────────────┐
         │ 阅读、整合与  │◄─────┐
         │ 解析          │      │
         └──────┬───────┘       │
                ▼                │
            ╱歧义?╲   是    ┌──────┐
            ╲    ╱ ────────►│ 倒退 │
                │否          └──────┘
                ▼
         ┌──────────────┐
         │ 以译语词汇提取│◄─────┐
         │ 为目的的重读  │      │
         └──────┬───────┘       │
                ▼                │否
           ╱译文可接受?╲ ────────┘
           ╲          ╱
                │是
                ▼
           ┌────────┐
           │ 译语输出│
           └────────┘
```

图 7　视译任务模式（McDonald & Carpenter 1981：241）

综上所述，串行加工模式总体呈现线性加工趋向，译者通达完整的语义后才能进行翻译。但不可否认的是，此类模式大多始于"口译从业者的经验视角"（Gile 1997：90），采用认证、反思、定性和阐释等方法探究翻译的认知过程，缺乏充分的实证基础，因而模式或过于粗浅（如 Seleskovitch & Lederer 1984），无从解释翻译的动态性与复杂性；或过于理想程式化（如 Bell 1991），未能体现语境与翻译活动的交互作用。

3.2　基于并行加工的翻译加工模式

Gerver（1976）的研究被视为并行模式的奠基作。其提出的同传信息加工模式认为译者在源语理解时便已持续对译语词汇进行激活和转换，并强调在此过程中译者记忆结构（包括短期缓冲存储、长期缓冲存储、产出存储等）与控制机制（包括输入信息筛选、输出信息预测、监控及再筛选）的作用。

Danks & Griffin（1997）对口/笔译过程共享模式（图 8）展开探讨。该模式认为，翻译过程始于源语理解，但译者并非一开始就完全理解源文本，而是对源语进行多个层面的信息加工，双向上下箭头代表译者构建文本初步表征时的各层面互动。译者在理解源语的同时搜寻多种可能的翻译，寻找最佳翻译的过程又可能反促对源文本的理解。译语文本一旦有生成的可能，译者即着手进行译文评估，实时进行修改调整，直至译语产出。

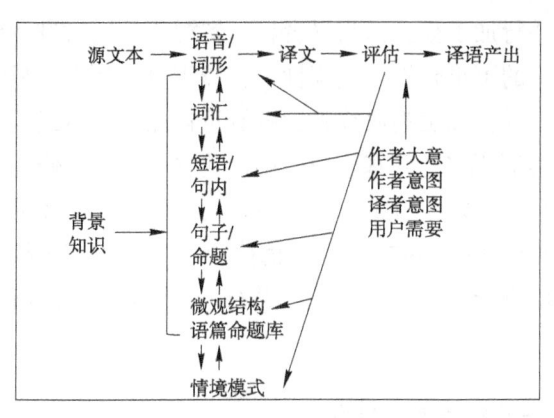

图8　口/笔译过程共享模式（Danks & Griffin 1997：174）

董燕萍（2010）的口译非对称有限并行模式在肯定串行加工必然性的前提下，提出并行加工对于翻译而言是常态，但对其作出了限定，即有限性（译者无法完全并行加工所有的词汇或词块）与非对称性（并行加工受语言对近似关系、译者双语流利度与翻译方向等因素影响）。Dong & Lin（2013）在此基础上提出了LR模式，将源语到译语的连接强度（L因素）和可用于并行加工的认知资源（R因素）归为并行加工的影响因素。王非、梅德明（2017）基于隐喻词的双向翻译实验提出了更为精细、直观的模式（图9）。与Macizo & Bajo（2004）提炼的并行模式与串行模式相比，此模式实质上将并行、串行集成于一身（纵向箭头代表串行，横向箭头代表并行），在纵向增加了"语义表征"和"言语计划"层级，同时在横向词汇层面强调翻译方向和工作记忆对并行加工的影响。不难看出，中国研究者的并行加工模式默认了串行加工与并行加工共存，并强调影响并行加工的因素，可被视为并行/串行混合加工的雏形。

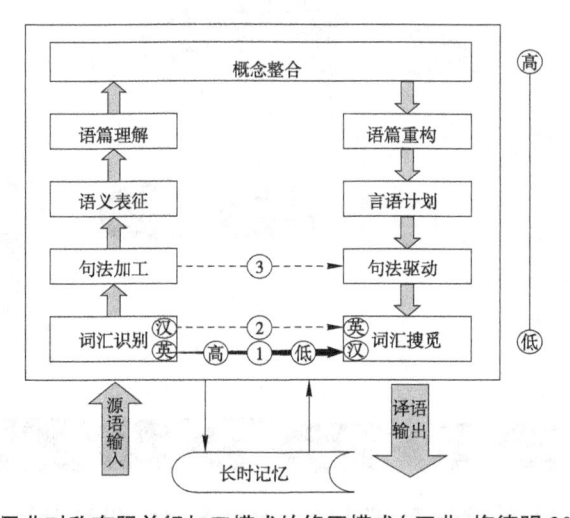

图9　基于非对称有限并行加工模式的修正模式（王非、梅德明2017：43）

综上所述，并行加工模式认为译者在理解源语的同时进行译语重构，凸显了源语、译语加工的可重叠性与交互性。相较于更青睐人文科学研究范式的串行加工观研究者，并行加工观研究者大多侧重自然科学范式，借助心理语言学的概念方法进行实证研究，并基于研究结果建立、检验、修正模式，从而使得对并行/串行的探讨更具可描述性、可阐释性、可论证性和可应用性。多数研究者（如 Danks & Griffin 1997；王非、梅德明 2017）保留了模式的主体串行流向，呈现出明显的混合趋势，对后期的并行/串行加工模式研究有一定的启示作用和参考价值。

3.3 基于混合加工的翻译加工模式

随着实证研究的发展，研究者逐渐发现并行/串行并非彼此对立，并依此提出了并行/串行混合翻译加工模式（Schaeffer & Carl 2013；董燕萍、王斌华 2013；刘进、许庆美 2017；王柳琪、刘绍龙 2020）。

基于 Tirkkonen-Condit（2005）的监控模式[4]和翻译启动（priming）[5]实验证据，Schaeffer & Carl（2013）提出翻译递归模式（Recursive Model of Translation）（图 10）。该模式认为，翻译由两个阶段组成，一是发生在早期的激活共享双语表征的启动程序（即并行），二是发生在后期的单语监控程序（即串行）。在并行加工阶段，译者在单词、词块、句式层面建立双语之间的对等，在双语共享表征的基础上进行直译；而后期串行加工机制以递归式评估源语和译语之间的命题内容是否对等、译语表达是否符合译语规范，一旦发现有误，可终止并行加工，在词汇和句法层面生成新的译文。此模式对并行/串行彼此协调、相互配合的功能特征作出了合理解释。

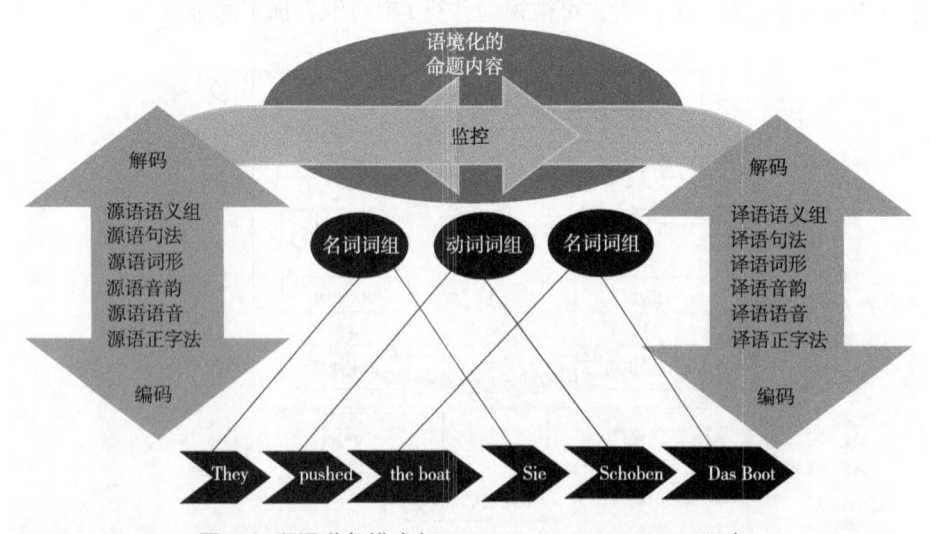

图 10 翻译递归模式（Schaeffer & Carl 2013：182）

与 Schaeffer & Carl（2013）观点非常接近的还有董燕萍、王斌华（2013）的口译过程的两阶段模式（图 11）。"两阶段论"认为，源语译语转换并非一个独立的阶段，而是同时发生在源语理解和译语产出阶段；译者在源语理解阶段主要进行并行加工，激活部分译语对应的词汇和结构；译语产出阶段则以意义驱动为主，构式驱动为辅。

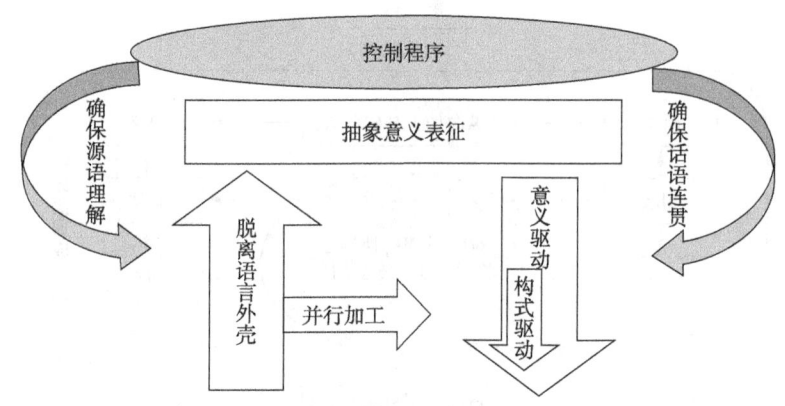

图 11　口译过程的两阶段模式（董燕萍、王斌华 2013：24）

虽然两阶段论并未被研究者广泛接受，但近年来的加工模式却普遍体现了 Schaeffer & Carl（2013）和董燕萍、王斌华（2013）提倡的混合加工思想。刘进、许庆美（2017）的视译认知加工模式（图 12）描述了并行/串行在不同阅读阶段的运作机制：在离线阅读（任务前阅读）阶段，译者以串行加工为主，并行加工为辅；在线阅读（任务中阅读）阶段要求理解与表达同步，译者以并行加工为主，串行加工为辅。该模式同样呈现了并行/串行加工环节在不同时间段的相互配合与作用，有利于清晰、精准地把握视译认知加工过程。

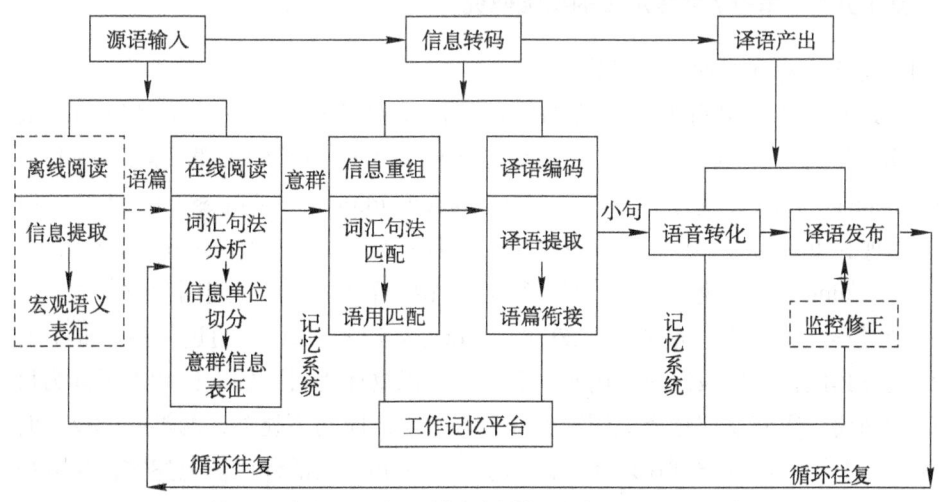

图 12　视译认知加工模式（刘进、许庆美 2017：27）

王柳琪、刘绍龙（2020）基于对口译加工效率的考量，以纵向线性（即串行）加工作为基础范式，以横向直配（即并行）加工作为提速范式，构建了以并行加工为核心取向的加工模式（图 13），以实现快速、高质量的口译加工效果。

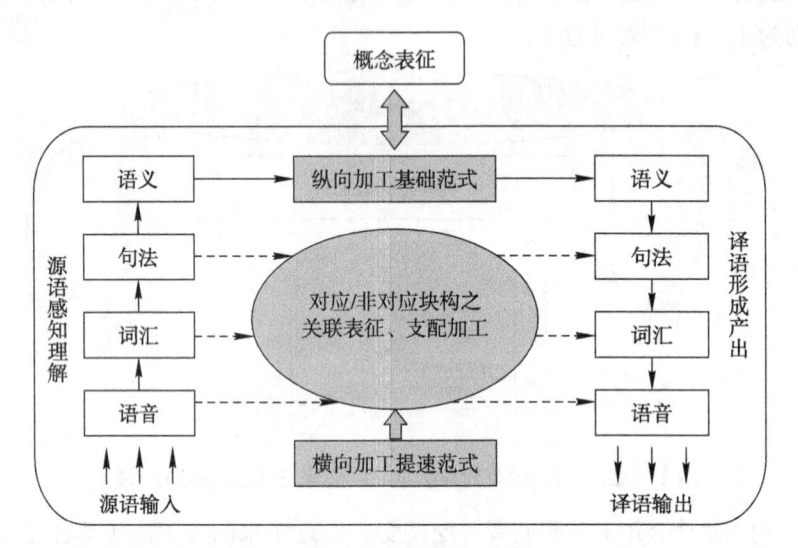

图 13　口译块构表征直配加工模式（王柳琪、刘绍龙 2020：149）

近 10 年来，研究者对翻译认知过程的理解从单向串行模式逐渐过渡到交互作用模式，在保留其线性特征的同时，凸显了并行/串行加工模式的共时、互动模式，从而进一步还原了翻译活动的本质与规律。而革新式翻译"两阶段论"的提出，或许更能反映翻译真实的加工过程。

4. 基于并行/串行/混合加工的实证研究

4.1 基于串行加工的实证研究

如前所述，串行加工模式的线性特征反映了翻译中的源语理解与一般阅读理解并无不同，而这一点正是实证检验串行加工的关键。McDonald & Carpenter（1981）基于歧义表达（ambiguous idiomatic phrases）的眼动实验以回视和重视为考察点，发现视译的源语理解与一般理解的第一遍阅读（first-pass reading）平均速率相近，眼动特征并无显著区别；第二遍阅读时方才启动翻译过程。林洁绚、董燕萍（2011）、Dong & Lin（2013）通过操控（非）音译词及其位置，让被试对汉语句子分别进行以复述为目的的阅读和以视译为目的的阅读。研究发现音译词因素、任务因素主效应均不显著，两类阅读反应时无明显差异，可见被试在理解汉语句子的同时并未激活译语。上述实证研究采用眼动追踪或自定义步速阅读的研究范式，被试的眼动指标和阅读反应时数据为串行认知加工模式提供了证据。

4.2 基于并行加工的实证研究

与串行加工假设相反，并行加工观认为，源语理解的同时既已激活译语，理应比以单语理解为目的的阅读消耗更多认知资源。研究者同样通过自定义步速阅读和眼动追踪范式进行实验验证。在自定义步速阅读研究中，针对西班牙语—英语译者和双语者的实验（如 Macizo & Bajo 2004，2006；Ruiz et al. 2008；Togato et al. 2017；Ruíz & Macizo 2019）证实了此假设，支持并行模式。针对汉语—英语不平衡双语者的实验结果却不尽相同：英译汉实验支持并行模式（Dong & Lin 2013；林洁绚等 2015；王非、梅德明 2017），汉译英实验或支持串行模式（Dong & Lin 2013；林洁绚、董燕萍 2011），或部分支持并行模式（Jin 2010；赵晨 2013；王非、梅德明 2017）。Dong & Lin（2013）、赵晨（2013）指出并行加工的发生或与翻译方向、被试工作记忆、刺激材料认知负荷高低等因素相关。21 世纪，随着眼动追踪与击键技术的逐步应用，翻译认知加工研究从源语理解阶段延伸至译语产出阶段，从视/口译扩展到笔译领域，并能更精准地记录译者认知活动过程，更有效地管窥译者大脑"黑匣子"的运作机制。Jakobsen & Jensen（2008）、Dragsted & Hansen（2009）分别通过眼动热点图、注视时长、注视次数以及源文区和译文区眼焦切换等数据，印证了源语理解与译语重构之间的部分重叠。Jensen et al.（2010）、Shreve et al.（2010）、Balling et al.（2014）、Ma（2019）、Ma et al.（2021）结合注视、回视数据验证了源语与译语语言系统的共同激活；另有研究应用眼键距、并行注意单位次数等眼动—击键指标（Zheng & Zhou 2018；王一方 2019a，2019b；王一方、郑冰寒 2020）验证了并行加工及其在认知资源上的占比，即目的语处理＞源语处理＞并行处理。相较 McDonald & Carpenter（1981）的开拓性眼动研究，此类研究数据更为丰富，研究问题更为聚焦，同时结合了眼动追踪与键盘记录指标，更具针对性和说服力。

4.3 基于混合加工的实证研究

另有一些研究者（如 Dragsted 2010；Carl & Kay 2011；Hvelplund 2011）的实验数据显示职业译者与学生译者在源语/译语加工时呈现不同的加工模式：前者总体呈现类似同传的并行模式，表现为源语/译语区频繁的眼焦切换、低眼键距、源语理解与译语键入的同步发生等；后者总体呈现类似交传的串行模式，表现为更长注视时间、较长的理解与产出过程以及独立的转换过程、高眼键距、注意力的轮流分配等。此外，基于 CRITT TPR-DB 平台[6]的研究通过对比翻译和抄写任务（Carl & Dragsted 2012），将眼动数据分为早期（如首次注视时长）和晚期（如总阅读时间），结合 HTra、HCross[7] 等文本指标（Schaeffer et al. 2016; Schaeffer & Carl 2017），验证了并行/串行混合模式在不同时间进程的表现。除主流的眼动、击键法外，有声思维法（崔燕 2015）、翻译判断反应时（Tzou et al. 2017）及语料标注（陈雪梅 2018）的应用亦为混合加工的检验提供了新的视角和佐证。研究工具的革新、实验设计的完善以及研究方法的综合不仅成为并行/串行实证研究发展的驱动力，同时也为构建可供实证检验的翻译加工模式创造了有利条件。

5. 展望

Shreve & Angelone（2010）明确指出，建立一个有力而又被普遍接受的翻译过程模式（甚至是可行的诸个竞争模式）将是未来 10 年翻译认知研究领域的首要关注点。研究语言转换中的并行/串行问题有利于识解翻译认知机制，从而构拟更具心理真实性的翻译加工模式。

从 1976 年的并行/串行之争到混合加工模式的百家争鸣，译界不断打破传统信息加工观的藩篱，运用跨学科研究范式，更科学、严谨地诠释译者在翻译活动中的认知机制。通过以上梳理，我们认为，国内后续翻译加工模式研究应把握以下发展趋势。

第一，立足翻译全过程，构建动态、全局的理论模式。肖开容、文旭（2012）认为，翻译过程研究从认知科学分支学科借用概念建立的模式关注面普遍偏小，难以解释译者一般翻译行为的认知机制。并行/串行研究的关注面亦有待拓宽。以往研究大多局限于源语理解阶段，而近年来应用眼动—击键法或综合 HTra、HCross 指标的研究（如 Schaeffer et al. 2016; Schaeffer & Carl 2017）已将关注点拓展至译语表达阶段。故未来研究者应立足于翻译全过程，全面、动态地考察信息加工规律，构建更具全局式的翻译加工模式。在模式构建的过程中，研究者应进一步细致化、丰富化混合加工模式，进一步检验可能影响并行/串行加工模式的因素，如任务因素（口译、视译、笔译等不同翻译任务类型）、译者因素（语言能力、翻译/培训经验）、时间因素（离线阅读、在线阅读、源语译语转换、译语表达等不同阶段）、文本因素（词汇、句式特征）等。

第二，发展多语对、多组别、多手段的实证研究作为理论模式研究的根基。并行/串行模式建构者应走出思辨、静态的描述性研究，以多语对、多组别、多手段的实证研究作为基础和依托。近年来，西方学者纷纷以亲属语言对为语言对象（Macizo & Bajo 2004, 2006; Ruiz et al. 2008），以学生译者和职业译者为被试对象（Dragsted 2010; Carl & Kay 2011; Hvelplund 2011），采用反应时、眼动、击键等手段验证并行/串行问题。而国内以中英非亲属语言对为考察对象的研究主力是董燕萍团队，但尚未形成稳定的科研共同体。实证研究多以学生译者为被试，研究组别不够多样；多以反应时为手段，研究手段不够丰富。只有突破以上局限，方能实现理论模式研究的跨越式发展；只有完成理论探索与实证研究的统一，方能更科学地揭示翻译活动的深层认知机制。

第三，借助跨学科理论与方法为理论模式研究带来突破。认知翻译学的基本特征之一是跨学科性（卢卫中、王福祥 2013）。从传统译学角度或难以解释并行/串行现象，故翻译研究者应与时俱进，借助跨学科的理论审视并行/串行问题，把握翻译研究中眼动与击键、脑电技术结合的新趋势（刘艳梅等 2013），结合现代的认知心理测试工具以及诸如 CRITT TPR-DB 的翻译过程研究数据库，进一步发掘、检验翻译过程。随着认知翻译加工模式研究规模和数量的不断扩大、研究问题的不断深入，这些新数据、大数据的归纳、分析和解释需要研究者掌握更多认知科学领域的理论与方法。同时，随着越来越多来自认知科学领域的学者关注翻译研究，翻译研究与相邻学科间的合作研究"已进入一个更高的全新阶段"（邓志辉 2011：70），有望为理论模式研究带来重大突破。

注释

1. 自定义步速阅读是研究翻译源语理解阶段在线加工过程的一项技术手段，阅读者通过键盘按键逐一呈现词汇/句子片段（已呈现片段不可回溯），并按照个人速度控制每一片段的阅读时间。研究者通过分析被试反应时探测其理解加工过程。
2. 眼动追踪法，即借助眼动仪跟踪测量眼球位置及运动，系统完整反映译者头脑"黑匣子"的运作状况。该研究方法以 Just & Carpenter（1980）的即时加工假说（Immediacy Assumption）和眼脑一致假说（Eye-mind Hypothesis）为依据。前者表示所视即是被加工，后者表示所视即所思。
3. Connected Papers（http://www.connectedpapers.com）是基于微软 Semantic Scholar 学术数据库的文献搜索工具，可根据文章主题相似性与关联性生成相关文献检索分析图谱。
4. Tirkkonen-Condit（2005：407-408）提出，"直译（literal translation）很可能是一个缺省呈现的过程（a default rendering mode）"，这个过程会持续到译语产出的某个问题出现，从而触发监控机制。
5. 启动（priming）效应是指由于之前受某一刺激的影响而使得之后对同一刺激的知觉和加工变得容易。跨语言词汇和句法启动效应被认为是并行加工的重要指标。
6. CRITT TPR-DB 为"翻译与翻译技术研究与创新中心"的翻译过程研究数据库（Center for Research and Innovation in Translation and Translation Technology, Translation Process Research Database）。该公开数据库记录了文本生产过程（包括写作、打字和翻译），供翻译过程研究者使用（Carl et al. 2016）。数据库目前已记录 500 多小时、3,000 多个任务的翻译活动，覆盖英语、汉语、日语、德语、丹麦语、印度语、西班牙语等多种语言之间的互译。具体参见：https://sites.google.com/site/centretranslationinnovation/tpr-db。

7 HTra指词汇翻译熵,即一个源语词汇对应译语中一个或多个对等词的概率;HCross指源语译语词对齐的跨语言扭曲度,即一个词汇在源语句子与在译语句子中语序差异的概率,可理解为语言转换中句法语序上的变动程度。

参考文献

Balling, L., A. C. Sjørup & K. T. Hvelplund. 2014. Evidence of parallel processing during translation [J]. *Meta* 59: 234-259.

Bell, R. T. 1991. *Translation and Translating: Theory and Practice* [M]. London: Longman.

Carl, M. & B. Dragsted. 2012. Inside the monitor model: Processes of default and challenged translation production [J]. *Translation: Corpora, Computation, Cognition* 2: 127-145.

Carl, M. & M. Kay. 2011. Gazing and typing activities during translation: A comparative study of translation units of professional and student translators [J]. *Meta* 56: 952-975.

Carl, M., S. Bangalore & M. Schaeffer (eds.). 2016. *New Directions in Empirical Translation Process Research: Exploring the CRITT TPR-DB* [C]. Switzerland: Springer International Publishing.

Chesterman, A. 2012. Models in translation studies [A]. In Y. Gambier & L. van Doorslaer (eds.). *Handbook of Translation Studies* (vol. 3) [C]. Amsterdam: John Benjamins. 108-114.

Danks, J. H. & J. Griffin. 1997. Reading and translation: A psycholinguistic perspective [A]. In J. H. Danks, G. M. Shreve, S. B. Fountain & M. K. McBeath (eds.). *Cognitive Processes in Translation and Interpreting* [C]. London: SAGE. 161-175.

De Groot, A. M. B. 1997. The cognitive study of translation and interpretation: Three approaches [A]. In J. H. Danks, G. M. Shreve, S. B. Fountain & M. K. McBeath (eds.). *Cognitive Processes in Translation and Interpreting* [C]. London: SAGE. 25-56.

De Groot, A. M. B. 2000. A complex-skill approach to translation and interpreting [A]. In S. Tirkkonen-Condit & R. Jääskeläinen (eds.). *Tapping and Mapping the Processes of Translation and Interpreting: Outlooks on Empirical Research* [C]. Amsterdam: John Benjamins. 53-68.

Dong, Y. & J. Lin. 2013. Parallel processing of the target language during source language comprehension in interpreting [J]. *Bilingualism: Language and Cognition* 16: 682-692.

Dragsted, B. 2010. Coordination of reading and writing processes in translation: An eye on uncharted territory [A]. In G. M. Shreve & E. Angelone (eds.). *Translation and Cognition* [C]. Amsterdam: John Benjamins. 41-62.

Dragsted, B. & I. G. Hansen. 2009. Exploring translation and interpreting hybrids: The case of sight translation [J]. *Meta* 54: 588-604.

Gerver, D. 1976. Empirical studies of simultaneous interpretation: A review and a model [A]. In R. W. Brislin (ed.). *Translation: Applications and Research* [C]. New York: Gardner. 165-207.

Gile, D. 1995. *Basic Concepts and Models for Interpreter and Translator Training* [M]. Amsterdam: John Benjamins.

Gile, D. 1997. Issues in interdisciplinary research into conference interpreting [A]. In B. E. Dimitrova & K. Hyltenstam (eds.). *Language Processing and Simultaneous Interpreting: Interdisciplinary Perspectives* [C]. Amsterdam: John Benjamins. 89-106.

Hvelplund, K. T. 2011. Allocation of Cognitive Resources in Translation: An Eye-tracking and

Key-logging Study [D]. Ph.D. dissertation. Copenhagen: Copenhagen Business School.

Jakobsen, A. L. & K. T. H. Jensen. 2008. Eye movement behaviour across four different types of reading task [A]. In S. Göpferich, A. L. Jakobsen & I. M. Mees (eds.). *Looking at Eyes: Eye-tracking Studies of Reading and Translation Processing* [C]. Copenhagen: Samfundslitteratur. 103-124.

Jensen, K. T. H., A. C. Sjørup & L. W. Balling. 2010. Effects of L1 syntax on L2 translation [A]. In I. M. Mees, F. Alves & S. Göpferich (eds.). *Methodology, Technology and Innovation in Translation Process Research: A Tribute to Arnt Lykke Jakobsen* [C]. Copenhagen: Samfundslitteratur. 319-336.

Jin, Y. 2010. Is Working Memory Working in Consecutive Interpreting? [D]. Ph.D. dissertation. Edinburgh: The University of Edinburgh.

Just, M. A. & P. A. Carpenter. 1980. A theory of reading: From eye fixations to comprehension [J]. *Psychological Review* 87: 329-354.

Ma, X. 2019. Effect of Word Order Asymmetry on Cognitive Process of English-Chinese Sight Translation by Interpreting Trainees: Evidence from Eye-tracking [D]. Ph.D. dissertation. Hong Kong: The Hong Kong Polytechnic University.

Ma, X., D. Li & Y.-Y. Hsu. 2021. Exploring the impact of word order asymmetry on cognitive load during Chinese-English sight translation: Evidence from eye-movement data [J]. *Target* 33: 103-131.

Macizo, P. & M. T. Bajo. 2004. When translation makes the difference: Sentence processing in reading and translation [J]. *Psicológica* 25: 181-205.

Macizo, P. & M. T. Bajo. 2006. Reading for repetition and reading for translation: Do they involve the same processes? [J]. *Cognition* 99: 1-34.

McDonald, J. L. & P. A. Carpenter. 1981. Simultaneous translation: Idiom interpretation and parsing heuristics [J]. *Journal of Verbal Learning and Verbal Behavior* 20: 231-247.

Ruiz, C., N. Paredes, P. Macizo & M. T. Bajo. 2008. Activation of lexical and syntactic target language properties in translation [J]. *Acta Psychologica* 128: 490-500.

Ruíz, J. O. & P. Macizo. 2019. Lexical and syntactic target language interactions in translation [J]. *Acta Psychologica* 199: 102924.

Schaeffer, M. & M. Carl. 2013. Shared representations and the translation process: A recursive model [J]. *Translation and Interpreting Studies* 8: 169-190.

Schaeffer, M. & M. Carl. 2017. Language processing and translation [A]. In S. Hansen-Schirra, O. Czulo & S. Hofmann (eds.). *Empirical Modelling of Translation and Interpreting* [C]. Berlin: Language Science Press. 117-154.

Schaeffer, M., B. Dragsted, K. T. Hvelplund, L. W. Balling & M. Carl. 2016. Word translation entropy: Evidence of early target language activation during reading for translation [A]. In M. Carl, S. Bangalore & M. Schaeffer (eds.). *New Directions in Empirical Translation Process Research: Exploring the CRITT TPR-DB* [C]. Switzerland: Springer International Publishing. 183-210.

Seleskovitch, D. 1976. Interpretation, a psychological approach to translation [A]. In R. W. Brislin (ed.). *Translation: Applications and Research* [C]. New York: Gardner. 92-116.

Seleskovitch, D. & M. Lederer. 1984. *Interpréter pour Traduire* [M]. Paris: Didier Erudition.

Shreve, G. M. & E. Angelone (eds.). 2010. *Translation and Cognition* [C]. Amsterdam: John Benjamins.

Shreve, G. M., I. Lacruz & E. Angelone. 2010. Cognitive effort, syntactic disruption, and visual interference in a sight translation task [A]. In G. M. Shreve & E. Angelone (eds.). *Translation and Cognition* [C]. Amsterdam: John Benjamins. 63-84.

Tirkkonen-Condit, S. 2005. The monitor model revisited: Evidence from process research [J]. *Meta* 50: 405-414.

Togato, G., N. Paredes, P. Macizo & M. T. Bajo. 2017. Syntactic processing in professional interpreters: Understanding ambiguous sentences in reading and translation [J]. *Applied Linguistics* 38: 581-598.

Tzou, Y.-Z., J. Vaid & H.-C. Chen. 2017. Does formal training in translation/interpreting affect translation strategy? Evidence from idiom translation [J]. *Bilingualism: Language and Cognition* 20: 632-641.

Zheng, B. & H. Zhou. 2018. Revisiting processing time for metaphorical expressions: An eye-tracking study on eye-voice span during sight translation [J]. *Foreign Language Teaching and Research* 50: 738-753.

陈雪梅，2018，同传并行—综合语义加工专业技能研究——以英汉、汉英同传为例 [D]。博士学位论文。上海：上海外国语大学。

崔　燕，2015，翻译加工中的"垂直翻译"与"水平翻译" [J]，《安徽工程大学学报》(3)：57-60，72。

邓志辉，2011，认知学与翻译学结合的新起点——《翻译与认知》评介 [J]，《中国翻译》(3)：68-71。

董燕萍，2010，交替传译中的语言转换心理机制：非对称有限并行加工模型 [J]，《中国英语教育》(4)：1-11。

董燕萍、陈小聪，2020，《口译加工研究》[M]。北京：外语教学与研究出版社。

董燕萍、王斌华，2013，口译过程的两阶段解读——以一般语言理解和产出为参照 [J]，《中国翻译》(1)：19-24。

林洁绚、董燕萍，2011，汉英口译中语言转换的时间起点——串行加工观和并行加工观 [J]，《外国语》(4)：56-63。

林洁绚、董燕萍、蔡任栋，2015，口译中源语理解和语码重构在资源分配上的层级关系 [J]，《外语教学与研究》(3)：447-457。

刘　进、许庆美，2017，视译认知加工模式研究 [J]，《中国翻译》(2)：25-30。

刘艳梅、冉诗洋、李德凤，2013，眼动法在翻译过程研究中的应用与展望 [J]，《外国语》(5)：59-66。

卢卫中、王福祥，2013，翻译研究的新范式——认知翻译学研究综述 [J]，《外语教学与研究》(4)：606-616。

王　非、梅德明，2017，不同方向的口译过程信息加工与工作记忆的关系——兼议"非对称有限并行模型" [J]，《中国翻译》(4)：38-44。

王柳琪、刘绍龙，2020，论纵/横范式视域下译者双语关联/非关联块构表征加工 [J]，《解放军外国语学院学报》(3)：145-151。

王一方，2019a，语言隐喻对平行处理的影响——基于眼动和击键的汉—英笔译过程研究 [J]，《解放军外国语学院学报》(4)：142-150。

王一方,2019b,汉译英过程中的平行处理——基于眼动和键击的实证研究 [J],《外语教学》(4):88-93。

王一方、郑冰寒,2020,英译汉过程中译者的认知资源分配模式——基于眼动、键击和反省法的实证研究 [J],《中国外语》(4):87-94。

项 霞、耿明华,2019,平行还是序列?——视/笔译认知加工模式实证研究述评 [J],《外语学刊》(2):106-113。

肖开容、文 旭,2012,翻译认知过程研究的新进展 [J],《中国翻译》(6):5-10。

赵 晨,2013,中英不平衡双语者口译中的源语理解过程 [J],《外语教学与研究》(1):93-104。

作者简介

林晓敏,宁波大学外国语学院硕士研究生。主要研究领域:口笔译实证研究。
电子邮箱: linxiaomin0928@163.com
项 霞,宁波大学科学技术学院教授。主要研究领域:翻译认知实证研究、译者角色研究。
电子邮箱: Xiangxia@nbu.edu.cn

中药名的体认性及其英译原则*

长沙学院 尹铂淳

提要：中药名是中药的符号表征，是外界了解中华民族优秀传统文化及中国人民体验认知的心智入口。中药名的体验性表现在中药名蕴含了命名者的经验体系和知识结构，其认知性表现为中药命名过程是一个主观化的认知加工过程。中药名的英译过程要努力实现译文语言经济性和明晰性的有机统一，译文要充分彰显中国民俗思维和民俗智慧，译文要蕴含显著的中国特色和丰富的中华民族优秀传统文化。

关键词：中药名；体验性；认知性；英译

1. 引言

中药是中华民族优秀传统文化的瑰宝，凝聚着中国人民和中华民族的博大智慧。中药文化拥有数千年历史，内涵和外延丰富，是中华民族优秀传统文化的重要组成部分，能充分展示中华民族优秀传统文化的独特魅力，是我国向世界各国讲好中国故事的重要选题。中药名是中药的符号表征，是外界了解中药的认知起点，了解中华民族优秀传统文化及中国人民体验认知的心智入口。讲好中药命名故事，就是在讲好中华民族优秀传统文化的故事，就是在讲好中国人民体验认知的故事。

本研究以"中药名"为主题，在中国知网共检索出 791 篇相关文献，主要集中在中药学、中国文学、中医学等领域。其中，语言学和翻译领域的文献共 41 篇，集中探讨了中药名阿拉伯语翻译规范（何东旺等 2020）、功能目的论视角下的中药名英译（马晓婧等 2018）、《本草纲目》双字格中药名构词法（晏颖等 2010）、中药名及其功效语的汉英翻译（蒋林 2002）等问题。已有成果

---

* 本文系湖南省社会科学基金项目"概念的直陈和非直陈形式表征连续统研究"（项目编号：18YBQ074）的成果。

从翻译规范、翻译技巧、构词法等多个方面对中药名进行系统立体且卓有成效的探讨，成果颇丰、启发较大，但遗憾的是未专门探讨中药名的体认（体验+认知）过程，更没有基于体认性去探究中药名的英译原则。本文拟在已有成果的基础上，尝试解决以下两个问题：1）中药名的体认性表现在哪些方面？有哪些具体内容？2）基于体认性，中药名的英译原则有哪些？

2. 中药名的体认性

2.1 中药名的体验性

传统术语学过分追求"标准化"和"单义性"，认为"术语"与所表征的"概念"之间必须一一对应，但这明显与语言的经济原则背道而驰（蒋向勇、邵娟萍 2020）。除了语言的经济原则，我们认为语言的体验性和认知性也是导致概念与形式不对应的重要理据。术语的产生是一个主观化的过程，中间杂糅了命名者的体验和认知因素，因此术语往往和所指不会完全对应。相比传统术语学的观点，我们更提倡认知语言学的相关学说。本文认为，除了关注构词等相关语言内部问题外，还应关注命名者的体验和认知问题。

起源于 20 世纪末的认知语言学强调语言的体验性。人类的范畴、概念、推理和心智是基于涉身体验形成的，其最基本的形式主要依赖于对身体部位、空间关系、力量运动等的感知而逐步形成，归根结底，认知、意义是基于身体经验的。语言符号也是这样，遵循"现实—认知—语言"的认知路径。语言符号在很多情况下是有理据的，认知语言学就是要解释语言符号背后的象似性认知机制（王寅 2005）。尹铂淳、廖光蓉（2020）认为，人们在体验客观世界后产生了事物、事件经验，这些经验通过概念化，即用形式单位进行表征后，成为事物和事件概念，概念本质上是语符化的，存在于人们的大脑中。语言表达和理解都离不开语言的体验性，若缺乏相关体验基础和经验基础，语言表达和理解就难以实现。

经验是知识结构产生的基础，知识结构是命名的"原料"，若缺少必要的知识结构，命名就难以有效进行。知识结构是概念结构或概念框架，下面我们将对概念框架理论进行介绍，以期搭建好中药命名的体验基础。20 世纪 60 年代，Fillmore 用来考察动词配价及语言理解的框架语义学为词汇语义研究提供了认知进路。在此基础上，廖光蓉（2016）提出了词概念框架理论，并将其界定为独立于语境的词义，即词这种形式单位习惯上所表征的概念，可称为词概念。词只是最典型的形式单位，其他的形式单位，诸如词素、成语、俗语、谚语等，也有其习惯上所表征的概念（包括命题），因而产生"形式单位概念"这一术语。继而廖光蓉（2016）提出了形式单位概念框架，并界定为：形式单位概念框架是以最初的那个理性概念意义为起点的知识结构，这个初始义也是框架的中心元素；从这个起点出发，框架辐射式扩展、链条式延伸，且如此往复，形形色色、林林总总的知识元素因此聚集在这个初始义周围，这就是初始义，即框架中心的含义。框架的元素包括事物、事件和关系概念，命题与范畴是经验图式化的结果。框架还包括形式单位的语音和书写形式、语法功能、附加色彩等。附加色彩包括情感、语体和象征色彩。关于它们的概念（包括命题）本身又是一个框架，即知识结构。框架里的元素相互依存，相互联系，相互作用，相互激活。形式单位概念框架可分为事物概念框架和事件概念框架。事物、事件概念框架是关于事物、事件的知识结构，里面的元素相互依存，相互联系，相互作用；其结构层级逻辑自成体系，稳定又富有变化（尹铂淳、廖光蓉 2020）。

事物概念和事件概念是中药命名的体验基础，只有拥有它们，命名者才能成功完成中药命名。如果缺乏"羊误食其叶，踯躅而死"的相关经验，命名者就不可能将一种可治疗风湿性关节炎、跌打损伤的有毒的麻醉止痛药命名为"羊踯躅"。命名者首先体验，而后获得经验，最后基于经验组构"羊踯躅"这样的中药名。

中药名是通往中国人民经验体系的认知入口，凝结着中华民族的生活模式、思维方式、价值体系等。中药名的体验性体现在中药名蕴含了命名者的经验体系和知识结构。倘若缺乏相关经验体系和知识结构，中药命名就难以有效推进。可以说，中药命名过程就是命名者将其长期体验中药所获经验和相关知识沉淀于语言符号的心智过程或主观化过程。

此外，心智过程或主观化过程会致使中药命名的主观性增强，让产出的中药名并非绝对与客观世界一致，中间杂糅着命名者的主观世界，这直接导致了中药名形式与概念的不对应。换句话说，这种不对应正是中药名的体验性所致。

2.2 中药名的认知性

拥有相关体验基础后，命名者要基于其语用目的对所获概念结构进行认知加工。换言之，中药命名是一个形式改造过程，同时也是一个认知加工过程，中药名具有强烈的认知性。

2.2.1 转喻认知性

Lakoff & Johnson（2003）指出，转喻是一种认知世界的方式：以一个事物去指代另一个与之相关的事物。Langacker（1993）认为，转喻的理据为相对凸显原则，并进一步指出，认知上凸显的实体为认知层面的参照点。之后，转喻被界定为一种参照点现象：一个实体通过认知操作与另一实体建立关联的认知过程。Langacker（1993）指出，侧显（profile）是基底（base）中凸显的"浮现物"，基底则是我们理解或生成侧显的基础。换言之，在语言层面，侧显为概念框架中的凸显部分，基底则为理解或生成侧显需要依靠的相关概念框架或知识结构。按照基底的类型，转喻可分为事物转喻和事件转喻。事物转喻需要依赖的基底是事物概念框架，事件转喻需要依赖的基底是事件概念框架，倘若缺乏相关事件概念框架，这类转喻便无法发生。

中药名的转喻认知模式为：在体验过某种中药后，命名者在其心智中形成相关经验。以这些经验为认知入口，可激活相关知识结构。这些知识结构是框架性、体系性的，存在诸多层级，每个层级又存在诸多元素。考虑到语言经济性，基于主观愿望，中药命名时不可能将所有元素都表征出来，仅会选择性地凸显部分元素，转喻随即发生。以中药名"炮干姜"为例进行阐释。炮干姜温中散寒，回阳通脉，燥湿消痰，温肺化饮。炮即用旺火将之炙为碳，用来保存姜原本的药性。命名者在体验过炮干姜后，激活了关于炮干姜的"制作"事件概念框架，其中施事为制药者，行为是炮，原料为干姜，产物为该药材。依靠框架，凸显行为和原料，转喻发生，即以行为和原料代替产物。

2.2.2 隐喻认知性

长久以来，隐喻一直被视作一种修辞方式，属于修辞学研究范畴。最早提出"隐喻"的学者是亚里士多德。亚里士多德在其著作《诗学》中指出，隐喻是基于类比原则所作的隐性比较。另一位古希腊思想家柏拉图认为，隐喻属于花言巧语，是修饰性语言，仅适用于表达感情，不宜使用隐喻进行政治辩论和科学论述（林书武1997）。认知语言学家更多将其视为一种认知机制。Lakoff & Johnson（2003）指出，隐喻不仅是一种修辞手段，还是一种认知机制，它的工作机制为借用相对熟悉、具体的源概念去阐释相对陌生、抽象、具有相似性的目标概念。认知维度的亲属隐喻是一种将亲属概念作为源域去概念化目标域的心智加工过程。

中药名的隐喻认知模式为：在体验过某种中药后，命名者在其心智中形成相关经验。这些经验是相对复杂陌生的，若直接以此命名可能会造成中药名艰涩难懂，不利于传播和使用。以这些经验为认知入口，通过命名者的联想激活具有相似性的其他经验；接着用其他经验概念化原始经验，中药名形成，上述相似性被凸显，隐喻随即发生。不少中药的命名是基于隐喻的，如大腹皮，这是一种棕榈科植物槟榔的干燥果皮，因形似大腹皮而获此名。此处，形似是隐喻认知发生的基础，通过该相似性，用生活中更为常见和熟悉的事物"大腹皮"去概念化该中药。类似的中药名还有乌头，因其块根形似乌鸦的头而命名；牛膝，其茎节膨大似牛膝关节，故获此名；马兜铃，因其形似马脖子下挂的铃铛而得名。形似只是隐喻的一种触发机制，功能相似、颜色相似等其他相似之处也可以作为隐喻的触发机制。

3. 中药名的英译原则

3.1 实现译文语言经济性和明晰性的有机统一

Zipf（1949）重点探究了词长与词频之间的关系，发现词长与词频呈负相关，即相比冗长的词，人们更偏爱使用简短的词。在这一研究结论的基础上，Zipf 提出了省力原则。省力原则指以最小的劳动代价获取最大收益。省力原则在多个领域影响深远，语言学家马丁内沿用了这一观点，并将其称之为语言经济性原则，用以探究语音演变（Vicentini 2003）。Evans & Green（2006）认为，语言经济性原则指以最小认知努力，获取最大信息量，即以一个精简的语符去表征一个复杂庞大的概念结构。语言经济性和明晰性是一对矛盾，一般来说，实现了语言经济性务必会折损语言的明晰性，即形式简洁了，与之对应的是语义的模糊。中药名在英译时一定要努力实现语言经济性与明晰性的辩证统一，促使二者达到有机平衡。要努力译出形式简洁、语义精准的译本。但有时候形式和语义往往不能兼得，必须作出取舍，这时译者就需要结合语境和自己的语用目的，权衡利弊，在形式和语义间作出选择，以达到最佳的翻译效果。中药名"麻杏石甘汤"的限定成分体现了麻黄、杏仁、石膏、甘草这四种原料，在命名时为了追求语言经济性，将这四种原料进行了首字缩略处理；此外，麻杏石甘汤的中心成分"汤"并非指一道菜，在该中药名中，汤指通过煎药熬出的液体，汤的本义成功实现了从烹饪域向中药域的跨越。麻杏石甘汤可意译为 Decoction of Herba Ephedrae, Semen Armeniacae Amarum, Radix Glycyrrhizae and Gypsum Fibrosum，该翻译的明晰性较强，有助于外国读者理解，但这种译本的语言过于冗长繁杂、经济性较弱，加重了认知负担，不利于记忆和使用。因此，我们要努力实现译文语言经济性和明晰性的有机统一，既要保证形式的精简性，又保障明晰性。我们建议译为 Mahuang Xingren Gancao Shigao Decoction。首先，不采用 of 形式是为了与麻杏石甘汤的结构保证一致，都是定中结构；其次，不使用标点符号是为了保障译文拥有较高的术语化程度；最后，四种原料使用音译是为了保障语言经济性。需要注意的是，为了保障明晰性，还需要对音译文本进行注释处理，即增添这四种原料的相关介绍。

3.2 译文要充分彰显中国民俗思维和民俗智慧

西药的命名比较注重科学性、严谨性和规约性，如 Indomethacin Capsules（吲哚美辛胶囊）、Bumetanide Tablets（布美他尼片）、Compound Iodine Solution（复方碘溶液）等。不同于西药命名，中药命名更重视文化性、民俗体验性和民俗思维性。这种差异体现为中西方思想根基本质的不同。西方崇尚"天人分离"，把时间（天）与人的活动截然分开；中国崇尚"天人合一"，认为时间（天）与人的活动是密不可分的（何丽野 2010）。沈家煊（2017）也指出，西方的范畴观强调主客分离，而中国的范畴观反对主客分离，主张身心合一。因此，西方更追求精密严谨，中国则更强调整体性，追求模糊美。中西方思想层面的差异最终反映在中西方人们的各项认知产物上，如语言维度上表现为英语更重视语言内部的逻辑性和规律性，汉语更讲究通过语言形式去呈现文化性、民俗体验性和民俗思维性。中国人讲究天人合一，顺其自然，不刻意增设条条框框。在这种处世哲学的指导下，中国人的思维非常灵动洒脱，这在中药名上体现得尤为明显。中药名"八正散"中的"八"指八味主药，"正"乃正治之意，"散"指散剂。这是一个具有显著中国民俗思维特征和深厚民俗智慧的中药名。这种命名方式灵动洒脱，摆脱了条条框框的束缚。在英译时，译者要尽可能展示这些特征和智慧，在努力保障外国读者能准确理解的同时，还要通过译本充分传递中国民俗思维之魅力、中国民俗智慧之博大。我们认为，将八正散译为 Bazheng Powder 是比较合适的，这样译本的语言经济性是比较强的。另外，还要对 Bazheng Powder 进行注释：Bazheng Powder 经历多次转喻，最终实现了"以极其精简的形式阐释丰富内涵"，Ba 在汉语中是一个数字，表示"八"，在该中药名中并非单纯表示数量，而是指代车前子、瞿麦、扁蓄、滑石、山栀子仁等八味主药，即表示该中药的制作原料；zheng 表"正"，在汉语中有正治之意，正治是疾病的临床表现与其本质相一致情况下的一种治法，此处表示该中药的具体疗法。要通过注释告诉外国读者多次转喻是中药常用的命名方式，追求极简、不受约束、洒脱灵动是中药显著的命名特征，以此深刻彰显中国民俗思维的魅力，让外国读者充分领略中国民俗智慧的精深。

3.3 译文要蕴含显著的中国特色和丰富的中华民族优秀传统文化

中药是中华民族优秀传统文化的重要组成部分，能充分展示中华民族优秀传统文化的独特魅力，能充分展现我国人民的民俗思维和民俗智慧，是我国向世界各国讲好中国故事的重要选题。我们认为，诸如中药名这样具有中国特色的术语在英译时没必要完全套用一般的英译模式，无须追求那么强的英译规约性，毕竟规约性增强的同时也务必会削弱术语的文化性。对具有显著中国特色的术语进行英译时，要尽量让这类术语更多地承载浓厚的中国文化特色，呈现泱泱大国深厚的精神文化积淀，彰显五千年灿烂炫目的传统文化魅力。这样的英译模式能较好地体现术语的中国特色，有助于中国优秀传统文化的传承及文化自信的增强。术语的文化性和规约性是矛盾的，文化性增强了，规约性就会减弱。英译时，我们要处理好二者的关系，两头都要抓，不要过度追求一个方面，要促使文化性与规约性实现有机平衡。在追求术语文化性的同时，绝不能完全放弃术语的规约性。中药是具备显著中国特色的事物，中药的英译需要高度重视其文化性，但也要关注英译的规约性，即其英译必须是有据可循的、符合一般翻译模式的，坚决杜绝过于随意的英译方式。总之，具有显著中国特色的术语的英译建议参考和借鉴中药名的英译模式，以期在保障基本英译规约性的同时，最大化凸显中国特色，充分彰显中华民族五千年灿烂炫目的文化魅力。以中药名"玉女煎"为例进行说明。玉女煎可直译为 Jade Maid Brew for Nourishing Yin and Lowering Fire。这样的译文虽然比较准确地传达了语义，即明晰性较强，但其形式过于繁琐冗长。此外，玉女被直译为 Jade Maid，可能会对缺乏一定中国文化模式的外国读者造成阅读上的困扰；煎被译为 Brew，与其本义也相差较大，可能会给外国读者造成理解上的困难。我们认为，可译为 Yunv Brew，这样能充分保障语言经济性，至于明晰性，我们可以对译文进行加注处理。一是对 Yunv 进行注释：一、古代道家称肾为"玉女"，本方可滋补肾水，故名；二、观音菩萨左有"金童"，手持净瓶，右有玉女，手持柳枝，观音用柳枝醮净瓶之水，洒于大地则清凉滋润，喻本方有滋阴降火之功。二是对"煎"进行注释："煎"是一个动词，指熬制（中药）这一行为，该行为的产物为中药，"煎"的认知机制为转喻，即以行为代其产物。汉语中有不少以行为命名的名称，如驴肉火烧，其中火烧是一种烹饪行为，在驴肉火烧中，火烧指代其产物烧饼。这些命名方式实则反映的是中华民族的中药和饮食文化——中国人强调中药和饮食的制作过程，故凸显该过程。英译时为了帮助外国读者理解，可将"煎"译为 Brew，但要加注阐释此处 Brew 不是酒、咖啡等饮品，而是中药。显然，这些注释能有效彰显中国特色，能充分展现中华民族优秀传统文化。有了这样的注释，外国读者便能在理解和掌握该中药名的基础上，更加真切地感受中国特色，准确把握中国文化内涵，深刻理解中国文化魅力。这样的英译方式既能保障译文的语言经济性和明晰性，还能有效向世界递出"中国文化名片"，主动宣讲中国文化之美。

4. 结语

本文从认知语言学视角探究了中药名的体验性和认知性，并基于此探讨了中药名英译等相关问题。研究发现，中药命名过程就是命名者将其长期体验中药所获经验和相关知识沉淀于语言符号的心智过程或主观化过程。中药名具有显著的体验性和认知性，英译时要对中药名的体验性和认知性进行充分考察，以确保在英译过程中"不丢失"中药名浓厚的体认"味道"。本研究从定性角度着重考察了中药名的体认性及其英译相关问题，日后还可从定量角度进行深入探究，确保最终所获结论具备较高的信度和效度。

参考文献

Evans, V. & M. Green. 2006. *Cognitive Linguistics: An Introduction* [M]. Edinburgh: Edinburgh University Press.

Lakoff, G. & M. Johnson. 2003. *Metaphors We Live By* [M]. Chicago: University of Chicago Press.

Langacker, R. W. 1993. Reference-point constructions [J]. *Cognitive Linguistics* 4: 1-38.

Vicentini, A. 2003. The economy principle in language: Notes and observations from early modern English grammars [J]. *Mots Palabras Words* 3: 37-57.

Zipf, G. K. 1949. *Human Behavior and the Principle of Least Effort: An Introduction to Human Ecology* [M]. Cambridge: Addison-Wesley.

何东旺、洪梅、朱建平、刘宇桐，2020，中药名阿拉伯语翻译规范研究 [J]，《中国科技术语》（2）：37-40。

何丽野，2010,时间观:西方的"天人分离"与中国的"天人合一" [J]，《社会科学》（8）：97-104。

蒋林，2002,中药名及其功效语的汉英翻译 [J]，《中国科技翻译》（4）：55-57。

蒋向勇、邵娟萍，2020,认知术语学主要理论与术语生成——以新冠肺炎命名为例 [J]，《中国科技术语》（5）：15-23。

廖光蓉，2016,《认知语言学与汉语研究》[M]。长沙:湖南师范大学出版社。

林书武，1997,国外隐喻研究综述 [J]，《外语教学与研究》（1）：11-19。

马晓婧、夏娟、甄长慧，2018,功能目的论视角下中药名英译研究 [J]，《重庆科技学院学报（社会科学版）》（2）：74-76。

沈家煊，2017,从语言看中西方的范畴观 [J]，《中国社会科学》（7）：131-143。

王寅，2005,语言的体验性——从体验哲学和认知语言学看语言体验观 [J]，《外语教学与研究》（1）：37-43。

晏颖、薛欢、黄文学，2010,《本草纲目》所见双字格中药名称的构词法 [J]，《河北理工大学学报（社会科学版）》（5）：118-120。

尹铂淳、廖光蓉，2020,事件概念形式表征的语内和语际对比研究 [J]，《外国语文》（1）：107-116。

作者简介

尹铂淳,博士,长沙学院讲师。主要研究领域:认知语言学、话语分析。
电子邮箱：yinbochum@163.com

演讲翻译中的趋近化识解：以王毅在第 56 届慕尼黑安全会议上的演讲为例*

中北大学　曹建敏

提要：基于批评认知语言学的趋近化理论，本研究采用语料库和定性研究方法，从空间、时间与价值三个维度对王毅在第 56 届慕尼黑安全会议上演讲的原文及译文中话语策略的使用进行分析，探究话语背后的趋近化识解操作及翻译策略。研究发现，译文运用趋近化策略的频次明显高于原文，但三类趋近化识解操作在译文和原文中的分布情况趋同，皆为空间趋近化最突出，价值趋近化次之，时间趋近化最少。虽然译文存在部分趋近化效果消失的现象，但大部分通过直译、增译、意译、拆译等翻译策略使趋近化话语效果得以保留或增强，从而达到强制说服的目的，对构建积极抗疫、追求和平、合作与发展的中国形象具有借鉴意义。

关键词：趋近化理论；演讲话语；翻译策略；识解操作

1. 引言

王毅在第 56 届慕尼黑安全会议上发表了题为《跨越东西差异，践行多边主义》的演讲，促进了人类命运共同体全球治理理念准确生动地在世界范围内传播。在外宣话语空间的建构过程中，对该文本的话语策略研究不失为一个传播人类命运共同体理念的重要契机。本研究的文本来源于《中国日报》网站（https://www.chinadaily.com.cn）的双语文件，总计 6,788 字，其中中文为 4,358 字，英文为 2,430 词。本研究在定量分析的基础上，以定性分析为主。词频数据统计和手工语料标注分别采用北京外国语大学 PowerConc 统计软件和 Qualitative Coder 语料标注软件。本研究基于 Cap（2010）的趋近化理论和张天伟（2016）的话语实践框架，深入总

---

* 本文系山西省研究生创新项目 "China Daily 话语中山西形象建构研究"（项目编号：2020SY390）的阶段性成果。

结了话语空间建构过程中显著使用的趋近化话语策略及翻译识解操作，考察了译文中趋近化话语效果的消失现象以及译者为加强趋近化话语效果采用的翻译策略。

2. 演讲话语及翻译分析框架

趋近化理论（Proximization Theory）是 Cap（2006）在 Chilton（2004）的话语空间理论基础上进一步提出的。趋近化作为一种话语策略，其主要目的是把物理上和时间上较远的事件与状态（包括较远的敌对意识形态）呈现为对说话人/写作者与听话人/读者有负面的随之发生的影响，把距离远的话语实体（discourse entities）投射为逐渐侵占说话人/听话人的近身区域，引起他们的警觉，从而提高防范意识并采取措施防止侵占的发生，使说话人/写作者的行动和政策合法化以消除"负面的""国外的""外来的"与"对立的"实体的影响（张辉 2018）。

从趋近化理论发端至今，国内外已经有了丰富的研究成果。从研究对象来看，趋近化理论从以单一体裁为语料发展到对多种体裁进行分析。从研究方法来看，为了避免解释性研究的局限性，趋近化理论在认知与批评的基础上，融入了语料库和心理实验等方法。其中，Cap（2006，2010，2013）探究了趋近化与合理化的关系、价值补偿功能，并将时间、空间、价值三大范畴以词汇语法特征为标记进行了细化和量化。多年来，他通过对不同体裁与大量语料的研究验证了趋近化理论的有效性和强大阐释力。Hart（2010）探讨了趋近化与强制说服、述谓和隐喻的关系。为了克服该理论的局限性，根据 Hart 提出的三角验证方法，国内学者采用语料库方法对中美贸易摩擦话语进行了较多研究。刘文宇、徐博书（2018）为了解中国在美国国家安全战略中的定位及其变化，运用话语空间理论和趋近化理论，从批评话语分析视角分析了《美国国家安全战略报告》(*The National Security Strategy of the United States of America*）所构建的话语空间，以及该报告如何利用趋近化策略影响听众/读者认知，寻求预防措施或政策合法化。刘艺伟（2019）以 2018 年《华盛顿邮报》(*The Washington Post*）关于中美贸易摩擦的 20 篇新闻报道为研究语料进行分析。基于趋近化理论，张天伟（2016）在探讨中国特色话语体系构建模式及有效策略和梳理话语体系相关要素的基础上，从批评认知语言学视角出发，分析澳大利亚外长在第 70 届联合国大会一般性辩论上的演讲稿，探究政治领导人是如何构建话语空间、应用话语策略、塑造和提升国家形象的。此外，孙素茶（2018）以大学英语课堂教学话语为语料，从趋近化理论的三个维度出发，对英语教师如何构建话语空间以促成学生对课堂语篇话语的理解进行了分析。杨诚（2019）结合多模态理论分析网络谣言的趋近化策略，从语言和非语言层面有效揭露其认知机制。

本研究是基于张天伟（2016）的分析框架进行拓展和创新的。话语实践包括话语主体、话语目的、话语空间、话语策略等要素。各要素的关系如图1所示。其中，话语主体是话语目的、话语空间和话语策略的实施者，而话语主体、话语空间和话语策略都是围绕话语目的展开的。在话语实践中，构建话语空间、运用话语策略、分析识解操作的最终目的是实现话语的强制说服目的（张天伟 2016）。语篇的强制说服目的通常隐性地体现在各种话语策略中，话语策略则是实现语篇强制说服目的的显性手段和途径。

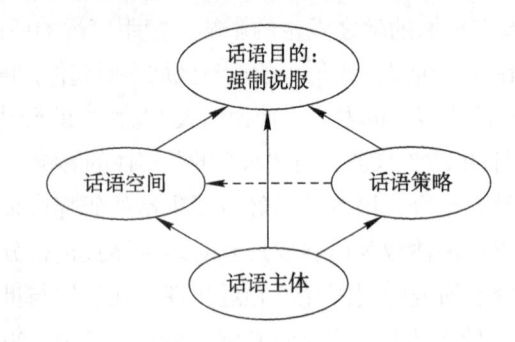

图 1　话语实践要素关系图

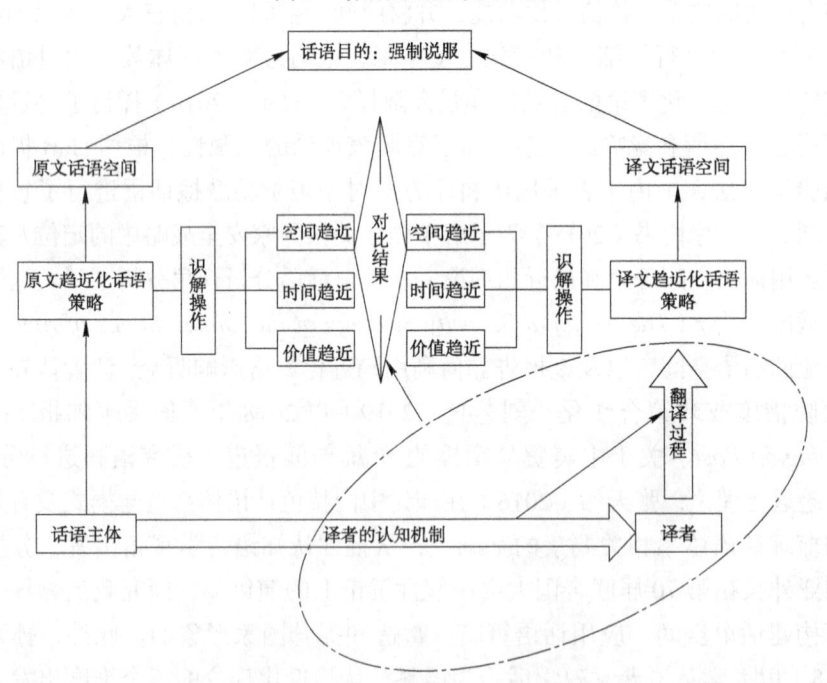

图 2　话语及翻译分析框架

本文采用的分析框架如图2所示。该框架在张天伟（2016）话语实践要素关系和批评认知语言学的趋近化理论基础上进行了创新，对王毅在第56届慕尼黑安全会议的演讲原文及译文进行对比分析，探讨话语空间建构过程中使用的趋近化话语策略及其识解操作的异同。原文的话语主体是演讲人王毅，译文的话语主体是译者，译者在解码—编码过程中的识解方式和翻译策略会影响译文的趋近化话语效果，从而影响目的语受众的认知识解。

3. 趋近化话语策略及翻译识解操作

王毅在第 56 届慕尼黑安全会议上的演讲中，趋近化话语策略的应用情况如下文所示。下文 6 个表分别是原文和译文中空间、时间、价值趋近化话语策略的词汇语法项目频度统计结果。总体上来说，译文运用趋近化策略的频次明显高于原文。指示中心内部实体（inside-deictic-center，IDC）和指示中心外围实体（outside-deictic-center，ODC）相对位置的确定对整个话语空间的定位起着关键作用。通过考察名词短语范畴，可以确定"中国"这一实体在空间轴上的定位处于 IDC 指示中心。统计发现，演讲中与 China 搭配的表达多是较客观、积极的词，如 confident、development、support 等，并且多与 WHO、people around the world、international community 等在空间轴上靠近它的坐标点共同出现。从价值轴来看，与 China 搭配的词大多是积极和褒义的，如 peace、prosperous、development、joint fight 等。从时间轴来看，与 China 搭配的有 will、should、must、can 以及现在完成时和过去时的系列表达，一方面，这些情态动词将中国成功地定位到情态轴上靠近指示中心的位置；另一方面，完成时和过去时多是和产生积极影响的动词搭配，描述了过去中国和世界其他组织的积极行动给当下疫情防控和将来带来的积极影响。will 等将来时态通过在时间轴上的定位体现对未来的展望。

译文话语和原文话语呈现出不同程度的趋近化效果，相较于原文，译文话语的趋近化效果明显，原因是译者在翻译实践中采用了一定的翻译策略使整个演讲话语达到了很好的趋近化效果，从而更有说服力和感染力。总而言之，该演讲从时间、空间和价值出发，三种趋近化策略相互作用，共同把中国成功定位到指示中心处，描绘了中国在抗疫过程中的坚韧与担当，更体现了其在人类命运共同体中负责任大国的形象。

3.1 空间趋近化话语策略及翻译识解

统计表明，空间趋近化在原文中占比 2.17%，在译文中占比 9.65%，译文话语策略的空间趋近化识解更加突出。空间趋近化识解操作涉及的语法项目包括名词词组（noun phrase，NP）和动词词组（verb phrase，VP），名词词组主要体现在指示中心内部实体（IDC）和指示中心外围实体（ODC）的定位过程中，动词词组则是描述 ODC 对 IDC 的侵犯行为及其结果和影响。与以往研究结果略有不同，该话语在描述 ODC 威胁 IDC 的行为及其结果与影响的基础上，着重阐释 IDC 抗击 ODC 的行为及其影响。

表 1　原文中空间趋近化统计

范畴	频次	频度	项目		
NP 被识解为 IDC	59	1.35%	中国（6） 我们（6） 湖北（5） 武汉（5） 中方（3） 习近平（3） 中国人民（3） 中国政府（2） 全国（2） 我（2） 医护人员（2）	同胞（1） 意大利总统马塔雷拉（1） 志愿者（1） 兄弟姐妹（1） 医疗队（1） 泰国总理巴育（1） 工程人员（1） 国际社会（1） 韩国（1） 各国人民（1） 巴基斯坦（1）	白俄罗斯（1） 俄罗斯（1） 欧洲（1） 朋友们（1） 斯里兰卡总理拉贾帕克萨（1） 李克强（1） 华人华侨（1） 柬埔寨首相洪森（1） 科技人员（1）
NP 被识解为 ODC	16	0.4%	疫情（8） 全球问题（1） 战争（1）	疫情阻击战（1） 贫困（1） 传统安全（1）	病毒（1） 局部问题（1） 非传统安全（1）
移位动词词组和指向动词词组被识解为 IDC 向 ODC 移动的标记	6	0.14%	守护（3） 迎击（1） 向湖北重灾区集结（1）	抗击（1）	
表示行动（action）的 VP 被识解为 IDC 对 ODC 影响的标记	12	0.28%	增进（1） 宣战（1） 守护（1） 指导（1）	战胜（1） 加强（1） 奋斗（1） 打赢（1）	抗争（1） 抗击（1） 建立（1） 拯救（1）
空间趋近化总计 2.17%					

表 2　译文中空间趋近化统计

范畴	频次	频度	项目		
NP 被识解为 IDC	158	6.50%	We (30) our (23) China (22) Chinese (22) Chinese people (5) Wuhan (6) us/me (11) Hubei (4) Xi Jinping (4) Pakistan (1) partners (1)	our commitment (1) Sergio Mattarella (1) Scientists and researchers (1) volunteers (1) the ROK (1) Russia (1) Political leaders (1) people around the world (1) President Xi Jinping (1)	Americans (1) Belarus (1) Buddhist believers (1) international organizations (1) international community (1) Japanese (1) Mahinda Rajapaksa (1) Li Keqiang (1) friends (1)
NP 被识解为 IDC	158	6.50%	Our country (1) medical workers (1) my colleagues and I (1)	Prayut Chan-o-cha (1) Chinese nation (1) countries (1) community workers (1)	fellow countryman (1) healthcare workers (1) Hun Sen (1) human society (1)

（待续）

（续表）

范畴	频次	频度	项目		
NP 被识解为 ODC	20	0.82%	epidemic (9) virus (4)	war (2) challenges (4)	outbreak (1)
移位动词词组和指向动词词组被识解为 IDC 向 ODC 移动的标记	26	1.07%	sent (4) march on (1) lit up (1) leading to (1) points (1) went to (1) strides to (1) provided (1)	seek (1) pass (1) adhere to (1) advance (1) attached (1) delivered (1) entered (1)	inspect (1) come (2) coming through (1) attached to (1) came (1) Braving (1) transcend (1)
表示行动（action）的 VP 被识解为 ODC 对 IDC 影响的标记	7	0.29%	realize (1) rejected (1) stand (1)	fighting (1) battling (1)	defended (1) eradicate (1)
表示行动（action）的 VP 被识解为 IDC 对 ODC 影响的标记	11	0.45%	protect (1) overcome (1) stand with (1) win (1)	combat (1) declaring (1) fight (1) dealing (1)	eradicate (1) defeat (1) struggling (1)
NP 被识解为 ODC 对 IDC 影响的预期	5	0.2%	risk of infection (1) unwarranted interference (1)	heavy sacrifice (1) danger (1)	exhaustion from overwork (1)
NP 被识解为 ODC 对 IDC 影响的结果	2	0.08%	trials and tribulations (1)	all-out war (1)	
NP 被识解为 IDC 对 ODC 影响的结果	6	0.24%	open world (1) peace (1)	peace and stability (1) cooperation (1)	development (1) greater democracy (1)
空间趋近化总计 9.65%					

在空间趋近化识解过程中，译文使用移动类动词词组描述 IDC 行为居多，其中，engaged in、to protect、rushed to、to defeat 详细描述了中国和其他国际组织抗击新冠肺炎疫情采取的积极行为及过程。原文则突出使用行动类动词词组，如"守护""战胜""打赢""抵御"被识解为 IDC 阵营实体采取行为的结果和影响，"守护"人民、"抗击"疫情等行动产生的后续结果是"战胜"和"抵御"新冠肺炎疫情、"打赢"防疫战争。简言之，译文空间趋近的识解注重描述实体的行动，而原文则侧重体现实体的行为结果。例如：

（1）今年中方的出席具有特殊意义，因为我和我的同事是从前线而来。
（2）We attend this year's MSC at an unusual moment, as my colleagues and I came straight from a battlefront.

（3）菲利普·克莱因，是一位在武汉工作的法国医生，在危难面前毅然留下，和中国人民并肩战斗。

（4）In the face of danger, Philippe Klein, a French doctor working in Wuhan, did not hesitate to stay and fought alongside the Chinese people.

（5）基层社区人员在风雪中深入每一个街巷，为防控疫情不放弃任何一个家庭，不遗漏任何一个角落。

（6）Braving freezing weather, community workers leave no stone unturned in checking on every block to make sure that no family in need is left unattended to.

（7）李克强总理亲赴武汉指导抗疫。从中央到地方，从城市到农村，我们以壮士断腕的决心，果断采取最全面、最严格、最彻底的举措迎击疫情。

（8）Premier Li Keqiang went to Wuhan, the epicenter of the outbreak, to inspect epidemic control efforts. From the central government to local governments, from urban to rural areas, the whole nation is battling the epidemic with resolve and self-sacrifice. Nothing short of the most comprehensive, rigorous and thorough-going measures have been taken.

（9）防范疫情的重点地区在武汉，但武汉并不孤单，因为全中国人民都同武汉和湖北的兄弟姐妹坚定地站在一起。

（10）Wuhan may be the front line in this battle, yet Wuhan is not fighting alone. We Chinese across the country stand firmly with our brothers and sisters in Wuhan and Hubei. Let me highlight a few examples of our united effort.

在空间趋近化策略的翻译识解过程中，译者主要采用直译的方法，在忠实原文的基础上部分采用增译、拆译、意译的方式。如在 IDC 和 ODC 定位过程中，译者采用直译的手段体现 war、battle 等名词的隐喻识解操作。译文（2）中，第一小句把行为主语 we 增译出来，在空间上加强趋近效果，拉近与受话者的心理距离。译文（8）增译了 the epicenter of the outbreak 来扩展受话者对于"武汉"这个实体的信息量。译文（4）和译文（6）都是调整主语顺序把 IDC 前景化，译文（4）把 In the face of danger 放在句首，突出表达了疫情的危险，译文（6）把 Braving freezing weather 置于前端，凸显了社区工作环境及天气情况的恶劣。同样地，译文（10）通过调整中心实体的顺序，把原文"中国人民—湖北武汉—兄弟姐妹"这一顺序调整成"中国人民—兄弟姐妹—湖北武汉"，使得"兄弟姐妹"更靠近"中国人民"，从而拉近与受话者之间的心理距离，使得空间趋近化效果加强。

3.2 时间趋近化话语策略及翻译识解

与原文相比，译文在趋近化话语策略应用中涉及时间趋近化识解操作的情况更多，一方面，通过一般过去时和现在完成时，生成对比话语，构建过去事件对将来的影响；另一方面，把情态动词或情态动词短语识解为 ODC 将在现在或未来产生持续影响。对比分析发现，译文侧重把情态动词或情态动词短语识解为ODC对IDC产生的影响会在现在和将来持续。其中，情态动词can被识解为采取某种行为会给将来带来的后果，表明包括更多国家和国际组织在内的IDC加入应对挑战的行为会对将来全球局势的向好发展产生作用。而原文则是更多使用一般过去时、现在完成时及非限定性名词短语，前者生成对比话语，识解为过去事件对将来的影响，后者则是将ODC识解为实际的影响。

表3　原文中时间趋近化统计

范畴	频次	频度	项目	
使用一般过去时和现在完成时，生成对比话语，构建过去事件对将来的影响	10	0.23%	从一开始(1) 目前(1) 昨天(1) 12天(1) 2月14日(1)	不到15天(1) 新年的第一天(1) 7天(1) 曾(2)
VP包括情态动词，识解为ODC的影响会在现在和将来持续	3	0.07%	将(3)	|//
时间趋近化总计0.30%				

表4　译文中时间趋近化统计

范畴	频次	频度	项目
使用一般过去时和现在完成时，生成对比话语，构建过去事件对将来的影响	9	0.37%	people have shown firm resolve in dealing with (1) lunar new year (1) who have been working day and night (1) thorough-going measures have been taken (1) have attached great importance (1) forged a national character (1) chaired (1) has recorded a 12-day consecutive drop (1) has been through (1)
VP包括情态动词，识解为ODC的影响会在现在和将来持续	37	1.52%	will (19) should (9) must (4) can (5)
时间趋近化总计1.89%			

原文中名词短语的非限定性描述被识解为IDC实际影响和结果的表述十分显著，如"7天""14天"等名词短语形式，阐明了分离出毒株和建成医院的结果及其产生的积极影响。"12天"体现了从过去到现在持续过程中已经产生的结果，这个结果将对IDC实体的疫情管控产生促进作用。例如：

（11）李克强总理亲赴武汉指导抗疫。从中央到地方，从城市到农村，我们以壮士断腕的决心，果断采取最全面、最严格、最彻底的举措迎击疫情。

（12）Premier Li Keqiang went to Wuhan, the epicenter of the outbreak, to inspect epidemic control efforts. From the central government to local governments, from urban to rural

areas, the whole nation is battling the epidemic with resolve and self-sacrifice. Nothing short of the most comprehensive, rigorous and thorough-going measures have been taken.
（13）没有一个冬天不可逾越，没有一个春天不会到来。
（14）Winter will eventually pass, and spring is sure to come.

在翻译的过程中，译文（12）中最后一句也是通过增译的方式来体现时间趋近化效果，暗示本次抗疫采取的措施对现在和将来产生的影响，通过和以往行为对比表明规模前所未有。译文（14）通过 will、is to 意译出将来时，使译文的时间趋近化效果更加强烈，从而使话语充满了对未来疫情管控的希冀。

3.3 价值趋近化话语策略及翻译识解

原文和译文话语策略的价值趋近化识解操作都比较显著。从原文和译文相关词汇语法项目的统计频次来看，译文更大强度地体现价值趋近识解，其对 IDC 的积极价值观和意识形态描述占比高达 2.47%，远远超过对 ODC 的消极价值观和意识形态的描述。在对话语识解的过程中，原文和译文都重点表达 IDC 的积极价值观与意识形态，ODC 的消极价值观及意识形态表述则比较少。

表 5 原文中价值趋近化统计

范畴	频次	频度	项目			
NP 被识解为 IDC 的积极价值	48	1.1%	多边主义（7） 支持（4） 合作（2） 和平（2） 加油（2） 共同发展（2） 生命共同体（1） 平等发展（1） 接受（1）	利益（1） 平等（1） 友情（1） 协作（1） 尊重（1） 援助（1） 稳定（1） 团结一心（1） 协调（1）	相互尊重（1） 伙伴关系（1） 繁荣进步（1） 公平正义（1） 共同繁荣（1） 发展振兴（1） 包容（1） 大家庭（1） 发展（1）	共同进步（1） 和平共处（1） 互利共赢（1） 欢迎（1） 和平发展（1） 共同利益（1） 共同体意识（1） 合作共赢（1）
NP 被识解为 ODC 的消极价值	10	0.23%	挑战（2） 偏见（1） 一国优先（1） 文明优越（1） 矛盾分歧（1）		划分势力范围（1） 单边行径（1） 落后（1） 焦虑（1）	
话语形式不限于句子，而是通过词汇语法短语的线性排列，在 IDC 空间中构建 ODC 的消极意识形态	2	0.04%	正因为坚持国家主权原则，我们才一贯主张叙利亚问题应践行……正因为坚持和平解决争端，我们才倡导通过对话解决……正因为坚持国际公平正义，我们才坚定支持……同时，在力所能及范围内向发展中国家提供……（1） 大国要有大国的担当，不应搞本国优先，而是要维护好各国的共同利益；不应热衷于划分势力范围，而是应努力保持世界的开放性；不应相互对抗拆台，而是要携手维护世界的和平稳定。（1）			
价值趋近化总计 1.37%						

表6 译文中价值趋近化统计

范畴	频次	频度	项目	
NP被识解为IDC的积极价值	60	2.47%	support (9) cooperation (2) respect (2) peaceful (2) justice (2) perseverance and resilience (1) negotiated solution (1) prosper (1) positive energy (1) peaceful co-existence (1) open and inclusive approach (1) partnership (1) negotiation (1) peace (2) stable and consistent (1) sound and sustainable economic (1) strong resilience, potential and vitality (1) united effort (1) united (1) social development (1) prosperous (1) prosperity (1) rejuvenation (1) security, stability and strategic balance (1)	rigorous and thorough measures (1) coordination (1) cooperation and stability (1) determined (1) effective (1) development (2) confident (1) peace and stability (1) common interests (1) common development (1) effectively curbed (1) jointly tackle (1) joint fight (1) lasting peace (1) mutually beneficial cooperation (1) lasting prosperity and progress (1) help (1) extraordinary efforts (1) efforts (1) fairness and justice (1) health cooperation (1) friendship (1)
NP被识解为ODC的消极价值	10	0.41%	long-arm jurisdiction (1) hegemony (1) prejudices (1) unilateral sanctions (1) trials and tribulations (1) backwardness (1) anxieties regarding China (1) bullying the small (1) challenges (1) bullying the weak (1)	
话语形式不限于句子,而是通过词汇语法短语的线性排列,在IDC空间中构建ODC的消极意识形态	1	0.04%	Instead of putting their own interests above those of others, they should care for the common interests of all countries; instead of carving out spheres of influence, they should work for an open world; and instead of provoking confrontation, they should work together to maintain world peace and stability. (1)	
			价值趋近化总计 2.92%	

原文话语主体和译者都是以正面体现IDC行为的合法性为主,以取缔ODC行为的合法性为辅。词项support、cooperation、respect、peaceful、"支

持"、"合作"、"和平"、"发展"从正面价值取向上不断强化 IDC 成员行为的合法性。通过 challenges、superiority、prejudices and anxieties、"安全威胁"、"分裂"、"挑战"、"疟疾"等在价值判断上把 ODC 定义为具有消极影响的敌对势力,从而取缔其合法性。此外,通过平行对比,使双方价值和意识形态的冲突更加显著,从而进一步坚定立场。如 provoking confrontation、"文明优越"、"本国优先"、"划分势力范围"等消极意识形态与 peace and stability、"尊重"、"共同利益"、"开放性"、"维护和平稳定"等积极意识形态形成鲜明对比,间接强化了中国方案的价值合法性。例如:

(15) 风雨之后总会有彩虹。相信在疫情得到控制后,中国将会浴火重生。
(16) After the storm comes the rainbow. We are confident that China will emerge stronger from the epidemic.

在翻译的过程中,通过增译等翻译策略来加强话语的价值趋近效果。如原文(15)和译文(16)存在主客观视角的差异,原文立足于客观视角,译文通过增译词项 we 使话语的中心实体凸显出来,不仅加强空间趋近效果,也与原文外围实体的消极价值形成鲜明对比,加大双方阵营的冲突,进一步强化价值趋近效果。

4. 译文中趋近化效果的消失

演讲话语具有特殊性,所以翻译过程不仅要做到忠实原文作者的意图,还要在话语上尽量保持原有的修辞及语势效果。本演讲话语的翻译过程中,翻译的不足可能会导致原文趋近化效果丧失,影响预期的演讲效果。例如:

(17) 风雨之后总会有彩虹。相信在疫情得到控制后,中国将会浴火重生。
(18) After the storm comes the rainbow. We are confident that China will emerge stronger from the epidemic.

译文(18)将指示中心外围实体 storm 置于前端实现凸显识解,把中心实体 rainbow 置后,一方面拉大了 rainbow 与"我方阵营"的距离,另一方面没有起到与后一句所表现出的空间和价值趋近相呼应的作用。笔者认为在该句的译文中应该将 rainbow 置前。译文(18)虽完整再现正在进行时态表达的时间趋近效果,但不对仗的翻译难于符合演讲文本的语势和节奏需求,笔者认为后半句应该与前半句一致,从客观视角识解方式出发进行翻译。原文(17)中的"浴火重生",出自凤凰历经五百年在烈火中焚身,于死灰中重生的传说,指经历烈火的煎熬和痛苦的考验获得重生,并在重生中达到升华。因为其涉及中国古代神话,没有相关文化背景的目的语受众是难以理解的。所以译文(18)采用意译的方式,做到了达意,但却难以产生原文的趋近化效果。

5. 结语

在趋近化理论下,本文对王毅在第 56 届慕尼黑安全会议上的演讲及其译本话语进行定性和定量相结合的研究。研究发现,该话语构建了积极与疫情斗争,追求和平、稳定和发展的中国形象。译文和原文的差异在于译文空间、时间、价值三个趋近化策略的使用更加显著。笔者从翻译策略、识解操作和趋近化话语策略的关系出发,考察了译者在翻译活动中如何运用各种翻译策略促进话语识解,强化趋近化话语效果,从而引起目的语者共鸣、提高话语主体行为的合法性。其中,通过增译和意译等翻译策略增加 IDC 项目,从而促进空间趋近化效果,采用增译、意译的翻译策略化原文隐含的时间为显,以增强时间趋近化效果,采用意译使译文在空间和时间上平行对比来加强价值趋近。同时,译文中的趋近化效果缺失现象是由于目的语者在英文语境下难以理解中国典故或俗语,所以译者在翻译过程中要考虑不同文化背景受众的接受度。

参考文献

Cap, P. 2006. *Legitimization in Political Discourse* [M]. Newcastle: Cambridge Scholars Press.
Cap, P. 2010. Axiological aspects of proximization [J]. *Journal of Pragmatics* 42: 392-407.
Cap, P. 2013. *Proximization: The Pragmatics of Symbolic Distance Crossing* [M]. Amsterdam: John Benjamins.
Chilton, P. A. 2004. *Analysing Political Discourse: Theory and Practice* [M]. London: Routledge.
Hart, C. 2010. *Critical Discourse Analysis and Cognitive Science: New Perspectives on Immigration Discourse* [M]. New York: Palgrave Macmillan.
刘文宇、徐博书,2018,从"伙伴"到"对手":《美国国家安全战略报告》的话语空间分析 [J],《外语研究》(6):8-15,52。
刘艺伟,2019,趋近化理论视角下中美贸易摩擦新闻语篇的批评话语分析 [D]。硕士学位论文。西安:西安理工大学。
孙素茶,2018,趋近化理论视角下英语课堂话语体系构建研究 [J],《吕梁教育学院学报》(4):96-100。
杨 诚,2019,多模态趋近化视阈下网络谣言的认知机制诠索 [J],《东南传播》(8):10-16。
张天伟,2016,政治领导人演讲的话语体系构建研究——基于近体化理论的案例分析 [J],《中国外语》(5):28-35。

作者简介
曹建敏,中北大学硕士研究生。主要研究领域:认知语言学、话语分析、翻译学。
电子邮箱: 2407934081@qq.com

民谣《击壤歌》及其译本的经验纯理功能对比研究

广州商学院　程华明

提要： 本文以韩礼德的系统功能语言学为理论框架，从经验纯理功能的及物性系统角度分析了《击壤歌》及其6种英文译本的不同译法，并对译本的异同进行评析。通过分析诗句原文和英译的及物性过程，我们发现第一句、第二句、第三句有6种译文，第四句有5种译文，第五句有3种译文，且都与原诗的及物性过程保持较高的一致性。对比诗句原文和译本的及物性过程，探讨参与者与环境成分之间的差异，对于用功能语言学的理论框架来描述诗歌及其译文具有一定的借鉴意义。

关键词： 经验纯理功能；及物性；《击壤歌》；译本

1. 引言

《击壤歌》是一首远古先民咏赞美好生活的歌谣。这首歌谣用极口语化的表述方式，吟唱出了生动的田园风景：太阳出来起来劳动，太阳下山休息养生，打一口井用以饮水，耕种田地种出五谷丰登。这首民歌的主题是赞颂劳动，藐视"帝力"。诗歌最后一句反映了远古农民旷达的处世态度，反映了当时人们对自然古朴的生产生活方式的自豪和满足，反映了农民对自我力量的充分肯定，也反映了对帝王力量的大胆蔑视。有关此诗的研究主要包括：钟肇鹏（1986）对《击壤歌》的思想渊源与流变进行了探讨；陈咏明（1995）从儒道角度对《击壤歌》进行分析；张晨霞（2011）探究了《击壤歌》与平阳地区帝尧文化的关系；邓康丽、吴广平（2021）从自然生态、社会生态、精神生态三个方面对《击壤歌》进行生态美学批评。目前，并未见关于此诗的英译研究，本文将从 Halliday & Matthiessen（2004）的系统功能语言学角度出发，对这首诗的6种译本进行经验纯理功能分析。

2.《击壤歌》原文的经验纯理功能分析

经验纯理功能由多个语义系统构成,其中最重要的是及物性(transitivity)系统。它的作用是把人们对现实世界和内心世界的经验用若干过程(process)表达出来,并指明过程所涉及的参与者(participant)和环境成分(circumstantial element)(黄国文 2002)。韩礼德认为,人们可以通过及物性系统把人类的经验分成六种不同的过程:1)物质过程(material process);2)心理过程(mental process);3)关系过程(relational process):4)行为过程(behavioral process);5)言语过程(verbal process);6)存在过程(existential process)(胡壮麟等 2005)。从经验功能的及物性角度看,《击壤歌》一共由以下几种过程组成。

(1)物质过程:日出而作。
(2)物质过程:日入而息。
(3)物质过程:凿井而饮。
(4)物质过程:耕田而食。
(5)关系过程:帝力于我何有哉。

句(1)是物质过程,"作"是过程,"日出"是表示时间概念的环境成分。句(2)是物质过程,"息"是过程,"日入"是表示时间概念的环境成分。句(3)是物质过程,"凿"是过程,"井"是目标,"饮"是表示目的概念的环境成分。句(4)是物质过程,"耕"是过程,"田"是目标,"食"是表示目的概念的环境成分。句(5)是关系过程,"有"是过程,"帝力"是载体,"何"是属性,"于我"是表示角度概念的环境成分。

3.《击壤歌》译本的经验纯理功能分析

我们共搜集到 6 种关于《击壤歌》一诗的英译文本(见附录)。为了方便叙述,下面分别以 Watson 译(Watson 1984:70)、Wong 译(Wong Man,见王恩保、王约西 1994:188-189)、孙大雨译(孙大雨 1997:3)、Seaton 译(Seaton 2006:11)、朱曼华译(朱曼华 2013:1)、赵彦春译(赵彦春 2019)代表这 6 种译本。为了便于比较,下文将逐句进行分析。

3.1 "日出而作"英译

表1 "日出而作"英译版本

版本	过程类型	参与者	环境成分
Watson 译	物质过程：work	动作者：we 目标：无	时间：when the sun comes up
Wong 译	物质过程：to work	动作者：无 目标：无	时间：sunrise
孙大雨译	物质过程：work	动作者：无 目标：无	时间：at sunrise
Seaton 译	物质过程：get to work	动作者：we 目标：无	时间：sunups
朱曼华译	物质过程：work	动作者：I 目标：无	时间：by day
赵彦春译	物质过程：get up	动作者：I 目标：无	时间：when the sun gets up

首先分析第一句"日出而作"。我们将从过程类型、参与者和环境成分三个方面讨论各种译文。原诗是物质过程，全部译文亦都是物质过程。在翻译"作"时，除赵彦春译为物质过程 get up 外，其他译文都译为 work（其中 Seaton 译为 get to work），物质过程较为统一。Watson 译与 Seaton 译的动作者为 we，朱曼华译与赵彦春译的动作者为 I，Wong 译与孙大雨译没有动作者。相比而言，动作者译为 I 会更好些，可以与最后一句的"我"保持一致。原诗的"日出"是表示时间概念的环境成分，Watson 译与赵彦春译为从句，分别为 when the sun comes up 和 when the sun gets up，都包含了一个物质过程。Watson 译 when the sun comes up 的动作者是 the sun，过程为 comes up；赵彦春译 when the sun gets up 的动作者是 the sun，过程为 gets up。其他四种译文的环境成分分别为 sunrise（Wong 译）、at sunrise（孙大雨译）、sunups（Seaton 译）、by day（朱曼华译）。通过分析，此句可译为 At sunrise I work。

3.2 "日入而息"英译

表2 "日入而息"英译版本

版本	过程类型	参与者	环境成分
Watson 译	物质过程：rest	动作者：we 目标：无	时间：when the sun goes down
Wong 译	物质过程：to stop	动作者：无 目标：无	时间：sunset
孙大雨译	物质过程：rest	动作者：无 目标：无	时间：at sundown

（待续）

（续表）

版本	过程类型	参与者	环境成分
Seaton 译	物质过程：get	动作者：we 目标：our rest	时间：sundowns
朱曼华译	物质过程：rest	动作者：I 目标：无	时间：at night
赵彦春译	物质过程：retreat	动作者：I 目标：无	时间：when the sun retreats

接着分析第二句"日入而息"。原诗为物质过程，译文皆为物质过程，非常统一。在翻译物质过程"息"时，Watson 译、孙大雨译与朱曼华译均为 rest，较为一致。Seaton 译为 get，但其目标为 our rest，也是翻译"息"之义。Wong 译为 to stop，赵彦春译为 retreat，是意译了"息"字。关于动作者，Watson 译与 Seaton 译均为 we；朱曼华译与赵彦春译均为 I，既与前者一致，也与最后一句照应。原诗的"日入"全部被翻译为表示时间概念的环境成分，孙大雨译与 Seaton 译较接近，分别为 at sundown 和 sundowns，Wong 译为 sunset，都表示日落时分。朱曼华译为 at night，意义较泛，不够准确。Watson 译与赵彦春译为从句，分别为 when the sun goes down 和 when the sun retreats，都包含一个物质过程。在 Watson 译 when the sun goes down 中，the sun 是动作者，goes down 是过程；在赵彦春译 when the sun retreats 中，the sun 是动作者，retreats 是过程。因此句与前句相似，可模仿翻译为 At sunset I rest。

3.3 "凿井而饮"英译

表3 "凿井而饮"英译版本

版本	过程类型	参与者	环境成分
Watson 译	物质过程：dig	动作者：we 目标：a well	目的：to drink
Wong 译	物质过程：dig	动作者：无 目标：wells	目的：to drink
孙大雨译	物质过程：dig	动作者：无 目标：wells	目的：for drinking
Seaton 译	物质过程：dig 物质过程：drink	动作者：无 目标：wells	无
朱曼华译	物质过程：drink	动作者：I 目标：water	空间：from the "well" I excavate
赵彦春译	物质过程：dig	动作者：I 目标：a well	空间：wherefrom I drink

现在讨论第三句"凿井而饮"。原诗是物质过程，全部译文都为物质过程，与原诗保持一致。在翻译"凿"时，Watson 译、Wong 译、孙大雨译、Seaton 译与赵彦春译皆为 dig，Seaton 译另有物质过程 drink，朱曼华译为 drink。在动作者方面，Watson 译为 we；朱曼华译与赵彦春译为 I，更符合前文与后文。在翻译"井"时，Watson 译与赵彦春译为单数形式 a well，Wong 译、孙大雨译与 Seaton 译为复数形式 wells，因朱曼华译的物质过程是 drink，其目标为 water。多数译文将"饮"译为表示目的概念的环境成分，如 Watson 译与 Wong 译为 to drink，孙大雨译为 for drinking。朱曼华译与赵彦春译为表示空间概念的环境成分，分别为 from the "well" I excavate 和 wherefrom I drink，都包含一个物质过程。在朱曼华译 from the "well" I excavate 中，I 是动作者，excavate 是过程；在赵彦春译 wherefrom I drink 中，I 是动作者，drink 是过程。结合分析，此句可译为 I dig wells to drink。

3.4 "耕田而食"英译

表 4 "耕田而食"英译版本

版本	过程类型	参与者	环境成分
Watson 译	物质过程：plow	动作者：无 目标：the fields	目的：to eat
Wong 译	物质过程：till	动作者：无 目标：fields	目的：for crop
孙大雨译	物质过程：till	动作者：无 目标：fields	目的：for eating
Seaton 译	物质过程：plow	动作者：无 目标：fields	目的：to eat
朱曼华译	无	无	无
赵彦春译	物质过程：do	动作者：I 目标：farming	目的：so that I can eat

继续分析第四句"耕田而食"。原诗为物质过程，除朱曼华译无此句译文外，全部译文皆为物质过程，比较统一。朱曼华译调整了原诗的翻译次序，其他各句译文可以对应原诗，但 The sunrise will alternate with the sunset 并不是对应此句的翻译，故此句并没有翻译。原诗此句中"耕"是物质过程，Watson 译与 Seaton 译的物质过程为 plow，Wong 译与孙大雨译的物质过程为 till，赵彦春译的物质过程为 do。"耕田"可译为 plow 或 till。在翻译"田"时，Watson 译、Wong 译、孙大雨译与 Seaton 译为（the）fields，Watson 译多了定冠词 the。因赵彦春译的物质过程为 do，其动作者为 I，目标为 farming。最后，讨论表示目的概念的环境成分，Watson 译与 Seaton 译为 to eat，Wong 译

为 for crop，孙大雨译为 for eating，赵彦春译为从句 so that I can eat，该从句包含一个物质过程，I 是动作者，can eat 是过程。因此句与前句相似，可模仿翻译为 I plow (till) fields to eat。

3.5 "帝力于我何有哉"英译

表 5 "帝力于我何有哉"英译版本

版本	过程类型	参与者	环境成分
Watson 译	关系过程：are	载体：the Emperor and his might—they 属性：what	角度：to us
Wong 译	关系过程：无	载体：the King's might 属性：what good	角度：to me
孙大雨译	关系过程：'s	载体：*Di*'s power, though great, it 属性：what	角度：to me and us
Seaton 译	物质过程：has to do	动作者：some "emperor" 目标：what	方式：with us
朱曼华译	心理过程：don't care	感知者：I 现象：whether the empire's great or not	无
赵彦春译	物质过程：can exert	动作者：Mound 目标：无	条件：whatever force 角度：on me

最后讨论第五句"帝力于我何有哉"。原诗为关系过程，Watson 译、Wong 译与孙大雨译为关系过程，与原句的过程一致。Watson 译的关系过程是 are，载体为 the Emperor and his might—they，属性为 what，to us 是表示角度概念的环境成分。Wong 译没有过程动词，载体为 the King's might，属性为 what good，to me 是表示角度概念的环境成分。孙大雨译的关系过程是 's，载体为 *Di*'s power, though great, it，属性为 what，to me and us 是表示角度概念的环境成分，三者相比，Wong 译的 to me 更符合原文"于我"之义。Seaton 译与赵彦春译为物质过程。Seaton 译的物质过程是 has to do，动作者为 some "emperor"，目标为 what，with us 是表示方式概念的环境成分。赵彦春译的物质过程是 can exert，动作者为 Mound，whatever force 是表示条件概念的环境成分，on me 是表示角度概念的环境成分。朱曼华译的心理过程是 don't care，感知者为 I，现象为 whether the empire's great or not，其中包含一个关系过程 's，载体为 the empire，属性为 great。综合而言，此句译文应为关系过程，可译为 What's the emperor's power (might) to me。

3.6 "击壤歌"英译

表 6 "击壤歌"英译版本

版本	译文
Watson 译	Ground-Thumping Song
Wong 译	ANCIENT HUSBANDMAN'S SONG
孙大雨译	Song of Clog-throwing
Seaton 译	The Peasant's Song
朱曼华译	The Soil-Hitting Games' Song
赵彦春译	Playing the Clay Shoe

关于诗歌标题《击壤歌》，各家翻译如表 6 所示。Wong 译与 Seaton 译采用意译的方法，分别翻译为 ANCIENT HUSBANDMAN'S SONG 和 The Peasant's Song，指农夫之歌。Watson 译与朱曼华译有"击壤"之义，分别为 Ground-Thumping Song 和 The Soil-Hitting Games' Song。孙大雨译为 Song of Clog-throwing，clog 指木鞋、木屐。赵彦春译为 Playing the Clay Shoe，clay 指黏土、陶土。所有诗题翻译各异，主要是对标题的理解不同。《辞海》说"壤，泥土的通称"。由此推断，当时的"击壤"是一种投击土块的游戏。至于后世改用木屐、砖块等物，则是击壤游戏用具的发展。故根据字面意思，可以翻译为 Song of Throwing Clods。

4. 结语

本文以韩礼德系统功能语言学的经验纯理功能为理论依据，对《击壤歌》一诗及其 6 种英译版本作了对比分析与探讨。通过经验纯理功能的及物性系统分析，对原诗及其翻译作品进行语言探讨，可以深刻地描述原诗与译本的及物性，以及与各种过程有关的参与者和环境成分之间的异同，这将有利于更加准确地把握和翻译原诗，并有效地提高译作水平。通过上文经验纯理功能分析，修改删减部分词语，重译全诗[1]如下：// Song of Throwing Clods // / At sunrise I work; / At sunset I rest. / Dig wells to drink; / Plow fields to eat. / What's emperor's might to me! 如果考虑英汉音节数量的对应，可将 At sunrise 改为 By day，将 At sunset 改为 By night，则五句诗的英汉音节数量一致。由于笔者的翻译研究水平有限，在此也无意对名家的译作评头品足，只是希望从系统功能语言学角度探讨古诗英译问题，纯粹是抛砖引玉，请大家批评指正。

附录：《击壤歌》的 6 种英文译本

Watson 译：// Ground-Thumping Song // / When the sun comes up we work, / when the sun goes down we rest. / We dig a well to drink, / Plow the fields to eat— / the Emperor and his might—what are they to us! （Watson 1984：70）

Wong 译：// ANCIENT HUSBANDMAN'S SONG // / Sunrise to work, / Sunset to stop, / Dig wells to drink, / Till fields for crop: / The King's might to me what good O? (Tr. Wong Man)（王恩保、王约西 1994：188-189）

孙大雨译：// Song of Clog-throwing // / Work at sunrise, / Rest at sundown. / Dig wells for drinking, / Till fields for eating. / *Di*'s power, though great; / What's it to me and us?（孙大雨 1997：3）

Seaton 译：// The Peasant's Song // / Sunups, we get to work; / sundowns, we get our rest. / Dig wells and drink, / plow fields, to eat: / what has some "emperor" / to do with us?（Seaton 2006：11）

朱曼华译：// The Soil-Hitting Games' Song // / The sunrise will alternate with the sunset. / I drink water from the "well" I excavate. / By day I work, / At night I rest. / I don't care whether the empire's great or not.（朱曼华 2013：1）

赵彦春译：// Playing the Clay Shoe // / When the sun gets up, I get up; / When the sun retreats, I retreat. / I dig a well wherefrom I drink; / I do farming so that I can eat. / Whatever force can Mound exert on me?（赵彦春 2019）

注　释

1　为了节省篇幅，英译文各行用"/"隔开，标题则用"//"隔开。

参考文献

Halliday, M. A. K. & C. M. I. M. Matthiessen. 2004. *An Introduction to Functional Grammar* (3rd ed.) [M]. London: Routledge.
Seaton, J. P. 2006. *The Shambhala Anthology of Chinese Poetry* [M]. Boston: Shambhala.
Watson, B. 1984. *The Columbia Book of Chinese Poetry: From Early Times to the Thirteenth Century* [M]. New York: Columbia University Press.
陈咏明，1995，从《击壤歌》谈儒道会通 [J]，《世界宗教文化》（4）：15-18。
邓康丽、吴广平，2021，《击壤歌》生态美学批评 [J]，《职大学报》（2）：47-51。
胡壮麟、朱永生、张德禄、李战子，2005，《系统功能语言学概论》[M]。北京：北京大学出版社。
黄国文，2002，功能语言学分析对翻译研究的启示——《清明》英译文的经验功能分析 [J]，《外语与外语教学》（5）：1-6, 11。
孙大雨，1997，《古诗文英译集》[M]。上海：上海外语教育出版社。
王恩保、王约西（选注），1994，《古诗百首英译》[M]。北京：北京语言学院出版社。
张晨霞，2011，《击壤歌》与平阳地区帝尧传说 [J]，《民间文化论坛》（1）：11-15。
赵彦春，2019，赵彦春英译《击壤歌》[OL]，http://blog.sina.com.cn/s/blog_698085bf0102z2cl.html（2021年3月10日读取）。
钟肇鹏，1986，说《击壤歌》[J]，《文史杂志》（2）：16-17。
朱曼华（选译），2013，《中国历代诗词英译集锦》[M]。北京：商务印书馆。

作者简介
程华明，广州商学院副教授。主要研究领域：对比语言学与翻译研究。
电子邮箱：kylechm@126.com

认知语言学发展的交叉与融合
——《劳特里奇认知语言学手册》述评

郑州航空工业管理学院　梁如娥

Wen, X. & J. R. Taylor (eds.). 2021. *The Routledge Handbook of Cognitive Linguistics.* New York: Routledge.

提要：《劳特里奇认知语言学手册》系统梳理并展望了认知语言学研究，具有重要的指导和引领作用。该书展现了突出的认知语言学交叉与融合发展特征。在理论上，多种认知语义模型整合发展，认知语法进入统一解释结构、加工和语篇的阶段，构式语法不断与其他学科扩展融合。在研究方法上，多元研究视角和研究方法汇聚证据，寻求统一解释分析。在研究内容上，不断与其他学科交叉融合，这也是认知语言学发展的重要倾向。

关键词：《劳特里奇认知语言学手册》；交叉与融合；认知语言学发展

1. 引言

认知语言学自创立伊始就体现出鲜明的多元化特征，它不是发展于某一学者或理论，而是由 Langacker 的认知语法、Talmy 的认知语义学、Fillmore 的框架语义学和构式语法、Lakoff 和 Johnson 的概念隐喻、Fauconnier 的心理空间等理论共同创立的一门学科（Langacker 2011）。在整个发展过程中，认知语言学不断借鉴、吸收其他学科的相关成果，具有跨学科、多学科发展倾向。同时，认知语言学又是一种范式或一门流派，秉持共同的认知承诺和概括承诺，呈现出聚合的统一性特征。文旭和 Taylor 于 2021 年最新编辑出版的《劳特里奇认知语言学手册》(*The Routledge Handbook of Cognitive Liguistics*，以下简称《手册》) 总结、展望了认知语言学的发展特征和倾向。该书分为 4 个部分，共 43 章，从基本理论假设、核心话题、跨学科研究和未来发展方向等方面，系统梳理了认知语言学相关研究。这些研究强调了语言和心智研究之间的跨学科性，又展现出明显的聚合、融合倾向。在交叉和融合中，认知语言学的各个分支构成了一个辐射网，在辐射网上存在图式化共通性（Geeraerts 2010）。本文以《手册》中的某些章节内容为例，重点描述该书所展现的认知语言学多元发展中交叉、融合的必要性和倾向性。

2. 理论发展的聚合与扩展

首先，认知语义的整合发展。认知语言学提供了一系列模型来描写语言意义，Geeraerts 把这些模型统称为认知语义（第1章），并把它们分为三类：第一类是关注自然语言表达式内部语义结构的模型，如径向网络模型和原型理论；第二类聚焦新意义形成的概念机制，如概念隐喻、转喻、意象图式、概念整合等理论；第三类探讨语言中的语法识解机制，如 Langacker 提出的词类解释、识解等语法模型，Talmy 描述的事件结构、注意、力动态等不同概念子系统，以及 Fillmore 的框架语义学。虽然有些认知语义模型以解释词汇问题为主，有些以解释语法问题为主，但它们之间没有清晰的界限，原因有二：其一在于，诸如原型性和隐喻性现象是语言范畴化的一般特征，它们既可以应用于词汇范畴，也可以应用于语法范畴；其二在于，认知语言学没有严格区分语言结构的词汇层面和句法层面，而是把它们看作一个连续统。因此，这些认知语义模型从两种不同的概念识解上彼此互补，前两类体现的是基于现有语言概念的概念识解，第三类描述的是基于一般认知能力的概念识解。从语言意义上来看，这些认知语义模型又具有共通性，都认为语言意义具备视角性、动态性、灵活性，是百科知识，表现为非自主性和体验性。认知语义没有一个统一的理论框架，关于这些模型之间的相互关系的研究也较少。认知语义学进一步发展的基本问题之一是不同方法论之间的理论整合问题。探寻这些模型的整合性和相互关系有助于进一步了解基于语言概念识解和基于一般认知能力识解之间的关系，这既是历史的及文化的特异性与普遍性及个体性之间的关系，也是社会语言学与心理语言学之间的关联。

从 Kövecses 概述的标准和扩展概念隐喻理论（第11章）来看，在 Lakoff 和 Johnson 创立的标准概念隐喻理论基础上发展的扩展理论，已尝试把不同认知语义模型进行整合研究。Sullivan 运用认知语法框架中的自主依存理论来分析构式的隐喻问题，把概念隐喻和认知语法结合起来解释构式的隐喻现象，其中的依存成分唤起源域，自主成分唤起目标域。Kövecses 从意象图式、域、框架和心理空间四个不同图式层级分析了多层级视角下的概念隐喻，不同图式层级中包含不同的隐喻映射关系和隐喻词汇的表达，它们与隐喻交际的相关语境，如情景语境、语篇语境、概念—

认知语境、身体语境等相关联。扩展概念隐喻理论不仅关注认知问题，还把社会文化问题考虑在内，为人文、社会和自然学科中的诸多话题提供了新的视角。

其次，认知语法的统一解释趋势。Broccias 概述了认知语法从多元描写框架构建到追求统一解释的发展过程（第 2 章）。Langacker 的认知语法发展了 40 余年，以世纪之交为线，大致分为两个阶段。第一阶段重在建立描写框架来替代主流生成语法，主要包含句法—词汇连续统的象征单位描写、一系列认知能力和模型、词类、语法功能等。语言是规约性语言单位的结构化清单，语言单位是语义极和音位极配对的象征单位。语言离不开基本认知能力，如联想、范畴化、自动化、识解、参照点能力和虚构。语言组织可以通过舞台模型和子弹球模型等认知模型进行解释。语法范畴通过具体显面的性质来判定，实体用以概括基本范畴，包含侧显事体的名词和侧显关系的其他基本范畴。第二阶段始于 21 世纪初，以综合统一解释结构、加工和语篇为目的。在一个用法事件中，人们所关注的内容出现在注意视窗（window of attention）或加工窗口中，涉及背景、更广泛的语境和一系列知识，当前用法事件与先前用法事件、预期用法事件相关联（Langacker 2016a）。加工窗口与描写组织（descriptive organization）、话语组织（discursive organization）相关联，例如象征集 Alice likes cats，当描写组织和话语组织一致时，该象征集可描写为图 1（a）所示的结构 //Alice/likes cats//，相同大小的矩形表示相同时间和加工层级的窗口，最大的窗口表示语调单位，主语和谓语出现在具有相同时间的较小韵律窗口中。如果言语情景要求缓慢、从容地陈述，主语、谓语动词和宾语则会出现在相同时间长度的不同加工窗口中，形成图 1（b）中的结构形式 //Alice/likes/cats//，没有中间结构 likes cats，整个语法结构是水平的。

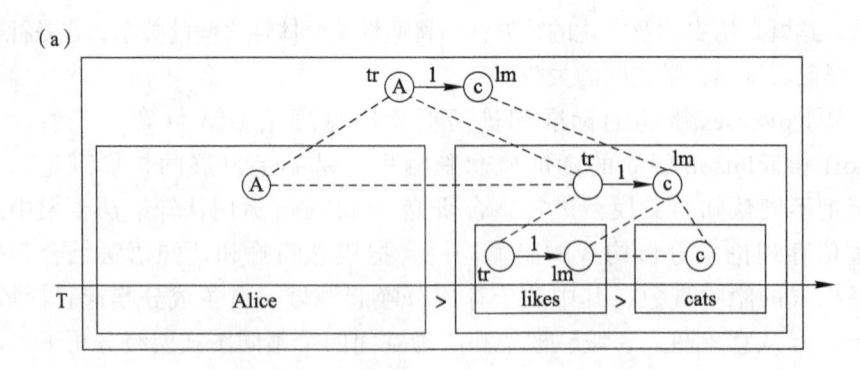

（a）

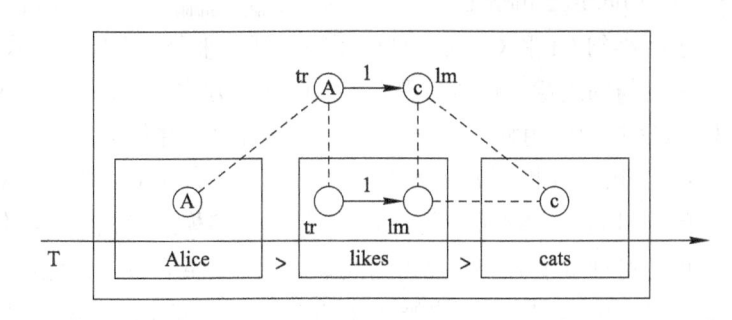

图1 加工和成分

在统一解释观下，依据的是象征集而非成分，无需设想复合象征结构的显现，因为它有自己的显面，不同于其成分序列。在语言编码层面，结构基本上是串行的，而非等级性的，由一系列命题组成，每个命题可以在类似小句的加工窗口查看（Langacker 2016a）。

最后，构式语法的扩展与融合。Boas 在第 3 章指出，构式语法发展于 Fillmore 早期研究的格语法和框架语义，最初关注具体的习语构式和某些英语论元结构构式，直到 Goldberg 明确了构式的定义和相关概念，构式研究才开始不断扩展。英语论元结构构式研究得以深化，并扩展到其他类型的构式研究，也不再局限于英语构式研究，捷克语、芬兰语、法语、德语、日语等其他语言的构式研究不断增加。多种构式语法理论出现，如伯克利构式语法、认知构式语法、激进构式语法、体验构式语法等。此外，构式语法还与其他学科融合形成新的理论，Höder 提出了通变系统构式语法（Diasystematic Construction Grammar），利用构式语法分析语言接触现象，如系统分析词汇、语音、形态、句法、语义和语用等层面的不同类型迁移现象。通变系统构式语法基于社会认知现实主义，关注言语行为中可观察的语言结构，表达多语社区中说话者的语言知识，以及该社区的语言习俗。其基本假设是，多语使用者基于可获得的输入以抽象化和范畴化方式组织语言系统和构式网络，从而把不同语言的要素整合成一个共同系统（Höder 2014）。

构式语法还与多模态话语相结合，形成多模态构式语法。根据 Hoffmann 在第 4 章的概述，人类交际本质上是多模态的。在面对面交际过程中，人们不仅依赖语言，还通过手势、站姿和面部表情传递信息，交际的多模态维度使构式语法理论扩展到其他模态上。Hoffmann 分析了比较关联构式（Comparative Correlative construction，CC 构式）的手势表达。该构式的形义表达为：$[ðə\ [\ ]_{comparative\ phrase_1}\ clause_1\ ]_{C1}\ [\ ðə\ [\ ]_{comparative\ phrase_2}\ clause_2\ ]_{C2} \leftrightarrow [$ As the degree of comparative phrase1 increases/decreases $]_{independent\ variable}\ [$ so the degree of comparative phrase2 increases/decreases] dependent variable。根据说话者在表达 CC 构式时双手在小句 C1 和 C2 所呈现的手势特征,来分析多模态构式的固化度,以及手势意义与构式意义相结合进入工作记忆的方式。研究发现,说话者更偏好在 C1 和 C2 句中使用相同手势,体现了 C1 和 C2 并行语义的符号表达;较少在 C1 和 C2 句中以相同方式转向不同方向,体现了 C1/ 原因和 C2/ 结果非对称关系的符号表达。数据并未证明 CC 构式的多模态形式已经固化。说话者可以轻易地把可理解手势加入言语构式中,将二者混合进工作记忆里。

自 21 世纪初期,构式语法被用于历时变异研究中,Enghels 和 Camarero 简述的构式化(第 18 章),以及 Noël 和 Colleman 展望的历时构式语法(第 39 章)都反映了构式语法在历时语言分析中的重要发展。历时构式语法关注新形义配对的出现,或者构式网络中新节点的发展,这一现象也被称作构式化,它是一种构式变化,常与图式性、能产性和组合性相关联。构式能产性的不断降低会导致构式被完全废弃,或者构式磨损,这是逐步发展的过程,目前此类研究相对较少。构式化与构式变化的界定仍存在争议,Traugott 和 Trousdale 认为构式变化可出现在构式化发生之前或之后,Smirnova 则认为构式化出现在构式变化之前。Hilpert 指出新构式出现之前需要多少构式变化并无证据证明,区分节点变化和(节点—外部)连通性变化可以对区别构式化和构式变化作出有益补充,甚至是替代选择。他提出了构式网络中变化类型的新类别,主要从两个维度区分变化示例:1)它们是否涉及部分网络的出现、增强、削弱或消失;2)网络中受影响部分是节点还是连通。接触引发的构式变化逐渐受到关注,语言接触可能影响现有构式的形式、意义和使用频率。

3. 研究视角和研究方法的多元与汇聚

首先,多元研究视角整合的倾向性和必要性。Attardo 简述了认知语言学对幽默的研究,其中概括了多种认知研究视角(第 21 章)。根据第 21 章的论述,Coulson 提出框架转换(frame shifting)观来解释幽默,这与脚本转换(script switching)观相似,幽默理解涉及某类认知框架或脚本向新框架或脚本的转换或调整,研究证明存在框架转换关联的加工成本,这使得幽默句的阅读时长增加。在幽默的心理空间和概念整合理论研究中,Brone 提出超理解(hyper-understanding)观,主要是识别概念意义的微妙之处,在幽默话语中,通过揭示其他语言选择的潜在弱点来还治其人;通过颠覆交流中的语言形式而产生幽默义。这是一种对抗性幽默(adversarial humor),必须伴随着语言表达的平行结构形式。Feyaerts 和 Brone 提出双重入场(double grounding)观,在概念整合中,整合的一个要素与两个不同的输入空间意义关联,从而产生幽默效果。在幽默性隐喻研究中，最普遍的一个方法论是距离理论（Distance Theory）。该理论认为存在一个语义距离，超出这一距离，隐喻识解中的两域联系被拉长（例如太遥远），幽默义显现，且语义距离越大，幽默感知越强。隐喻与幽默之间的区别是关注概念之间的相似性（隐喻）还是概念之间的差异性（幽默），幽默部分解决了映射的不一致性，而隐喻中的不一致性得以完全解决。Strak 等人、Glenberg 等人和 Chang 等人的研究发现幽默加工涉及具身模拟加工，微笑的面部表情（例如嘴里含着笔）增强了幽默反应，愉悦感能激发持久幽默感。从这些认知语义模型分析可以看出，认知语言学家一再利用言语幽默和其他幽默作为"流动"概念系统的例证，但在大多数情况下，这些分析似乎只是对认知语言学中重要概念的验证，而不是对幽默认知基础的考虑，认知语言学家面临的一个挑战是将这些研究见解整合到一个更大的模型中，只有这样，认知语言学才能对幽默研究领域作出原创贡献（Brône 2017）。许多出版物也逐渐把不同的理论和概念放在一起，通过探寻它们之间的共同点来解释幽默（Dynel 2018）。

对于话语研究，Schröder 指出，认知语言学在隐喻、转喻、整合、构式、视点和话语模型等方面作出了重要研究（第 28 章）。概念隐喻理论广泛运用于政治话语、经济话语、学术话语、多模态话语等研究中，通过内省法分析这些话语的隐喻表达倾向或方式，或者借助语料库检索工具系统地识别隐喻。转喻的语篇功能研究主要围绕整体与部分转喻、部分与部分转喻和成分理想认知模型等类型进行探讨。语料库数据显示，隐喻和转喻交互作用生成的表达式多于纯隐喻和纯转喻的表达式，语篇的隐喻和转喻研究主要探讨隐喻与转喻之间的交互关系。研究者还把概念整合理论应用于日常话语、多模态语篇、社会语篇及采访语篇中，分析意义建构的在线生成与话语发展。构式语法视角既有某一具体构式的话语功能研究，也有构式语篇研究，例如 Fried 和 Östman 研究了捷克国家语料库中的从属连词在自发语篇中如何引入引用问句、礼貌问句和修辞问句。Antonopoulou 和 Nikoforidou 认为话语型式可以视为期望语境，这类构式在电话开场白中较容易找到，主要由以下型式构成：1）语义框架，如朋友之间的电话；2）话语角色和行为，如呼唤—回答、身份识别—承认；3）省略固定程式、陈述和询问；4）下拉列表，如"你好""这是 X"等。视点（viewpoint）在话语研究中也非常重要，概念化主体关于事件或情景的视角反映了语言使用者对所描述事件进行心理模拟的方式。例如，在直接引语"The man said, I ate a lobster"中，引用语促使听者将视角从"基础空间"转移到"故事空间"，即说话者的现实到指称对象的现实。在这些多元分析中，一些研究逐步尝试提出认知框架进行整体分析，Langacker 提出了当前语篇空间，它是一种心理模型，由言者和听者所识解、共享的一切要素和关系构成，是言语过程中特定时刻交际进行的基础。Langlotz将当前语篇空间与认知语法、Barsalou的情境概念化动态模型联系起来，提出意义建构的社会认知模型，其目的是在意义互动协商和话语知识之间架起桥梁。

其次，研究方法的混合性。认知语言学的跨学科研究特征以及研究方法的量化转向，使得越来越多的研究采用多种研究方法汇聚证据进行分析。根据不同问题需求，研究者往往设计多种量化研究来解决问题。Giora通过九个实验研究和七个语料库研究论证了否定构式的默认假说（Defaultness Hypothesis）（第7章）。实验一、三、五、七、八分别论证了否定构式、新奇否定构式、有标记和无标记否定构式与所对应的肯定表达式的默认解读意义，所有结果都表明前者通常默认解读为隐喻意义或讽刺意义，后者默认解读为字面意义。实验二、四、六、九分别论证了不同否定构式在相同强语境中其隐喻意义、讽刺意义与字面意义的加工速度，以及否定构式与所对应的肯定表达式的加工速度，研究皆证实了否定的默认隐喻或者讽刺解读比非默认的字面解读加工时间快，否定构式的加工速度快于肯定表达式。语料库研究对否定式和肯定式的隐喻意义分布状况，否定式的语境环境与默认解读和非默认解读的呼应和共振情况，或者不考虑隐喻程度时的呼应和共振情况，以及最高级否定式的呼应和共振情况进行分析，研究结果都证明了否定构式的隐喻性、讽刺性的默认比喻解读意义。

学科之间的交叉研究也要求研究方法的多样性。Sinha指出研究语言、认知和文化需要结合相关学科领域中的不同研究方法进行对比分析（第23章）。人类学中的民族志是语言文化交叉研究必不可少的研究方法，涉及实地调查和内省法，这一方法不仅是知识构建的方法论/认识论，也是一种实践和（跨）文化接触。另一个必要的研究方法是行为实验，它在实验室环境下设计心理实验，控制无关变量，从更大群体中抽取参与者样本。在跨文化心理研究时，相同的实验程序和材料应用于不同文化背景下的群体研究，但使用标准化材料和程序对于"非西方"（少数民族）群体是不利的，这就要求比较认知研究结合生态效度（ecologically valid）法，使实验材料和程序能够因地制宜。此外，通过描写语言学和纪录语言学（Documentary Linguistics）纪录、保护、复兴濒危语言，使用视听记录设备和启发工具（elicitation tools）等技术收集数据，利用ELAN、NVivo、ATLAS.ti等分析软件进行概念—关联分析、（元）话语分析、语料库分析、民族志—概念文本/视觉分析、历时/共时概念分析等数据分析。

4. 学科发展的交叉与融合

认知语言学的原则之一是语言知识与其他认知形式密不可分，研究人类知识其他方面的学科必然成为认知语言学自然选择的对话伙伴,因此,认知语言学与哲学、心理学等研究领域的交叉联系是十分重要的(Geeraerts & Cuyckens 2007),这些研究形成了认知哲学、认知心理学等交叉学科领域。《手册》重点强调了认知语言学的跨学科特征,大约有20章分别概述了认知语言学与文化、比喻性语言、词典编纂、诗学、二语习得、教学法、手势、符号语言等学科的交叉研究。

与邻近学科进行跨学科研究时,认知语言学的多种理论模型常用以解释某一学科的相关现象,并与其逐步融合发展,形成新的研究领域,如认知语言学与翻译的交叉研究(第31章)。根据肖开容的概述,用语言学观研究翻译通常被质疑分析单位狭窄,意义表达倾向静态化,过于关注语言形式而忽略了语篇、文化和认知等方面的限制,认知语言学则可以很好地解决此类问题。认知语法中的意象观用于解释翻译对等现象,开始考虑人的因素分析,关注翻译研究中的概念化和认知操作。概念隐喻理论广泛用于翻译研究,隐喻不再是单纯的语言手段,而是思维方式,隐喻具有可翻译性。框架语义用于探讨翻译语义建构和连贯表达的心理意象,文化差异的加工,用于翻译的双语或多语电子词典编纂。原型理论用于分析翻译定义和同一语篇的替代翻译。认知语言学的认知和概括承诺以及基本宗旨应用于翻译研究,形成了认知翻译学(Cognitive Translation Studies),出现了翻译研究的认知范式,翻译过程、翻译行为的认知因素不断受到关注,译者成为研究焦点。在认知范式下,翻译不是从一种语言向另一语言的静态转化,而是对意义生成行为的动态识解。翻译是概念化和再概念化的过程,可观察的语言转化背后实际上是译者的概念操作,也就是说,翻译是语言使用者利用自己的全部知识动态地对意义进行概念化或再概念化的一种话语行为。认知翻译学在过去30年里发展迅速,但理论和模型构建仍是一个重大挑战,当前新话题涉及翻译普遍性的认知解释,认知语言学与双语、多语或者神经语言等临近学科的整合,社会认知法的研究等。研究方法不再局限于某一种方法,而是多种方法相结合,主要包括过程导向研究法、结果导向研究法、参与者导向研究法、语料库分析、键次登录、眼动跟踪等。

认知语言学还与非临近学科形成交叉研究,如用于药用植物的研究分析。Panasenko分析了认知语言学与药用植物词库(phytonymic lexicon)之间的交叉研究(第35章)。植物术语在很多方面不同于其他术语,一种植物可能有学名、别名或常用名等多种名称,它与日常生活和民族文化紧密相关。药用植物的命名既要考虑日常实践,也要考虑医学实践,需要反映出植物的生长地、外观、开花时节、药效等信息。药用植物的命名多采用派生词和复合词,其中斯拉夫语的派生词汇较多,日耳曼语的(复杂)复合词汇较多。基于词根

（base）、特征（feature）、谓词（predicate）三方面的专名分析（Onomasiological Analysis），体现了词根区中的属—种关系、上下义关系，以及人、实体、情感等词汇，并通过比较、因果、时间或其他谓词附加上特征，如外观、产地、时间、评价等属性。例如，药蜀葵在斯洛伐克语中被称作 Biely sliez，词根表示植物本身，附加了外观特征（白色）。认知分析可以进一步解释药用植物名称所蕴含的概念系统及世界观等信息，通过视觉、嗅觉、听觉、触觉、味觉等信息加工渠道，采用隐喻、转喻等信息加工方式，涉及四个阶段的认知活动。例如蓍草，俄语依据其形状命名为 Девичьи пупки（少女的肚脐），英语依据其颜色命名为 green arrow（绿箭），这些命名方式是根据人们远距离获取的蓍草信息，通过视觉感知基本信息；法语依据其独特气味命名为 Herbe à éternuer（令人打喷嚏的草），德语依据其药物属性命名为 Säugkraut（哺乳期妈妈适用的草），这些命名方式依据人们近距离或者直接接触获取的信息，通过视觉、触觉、味觉、嗅觉加工基本信息；德语名称 Weißes Achillenkraut（阿基里斯的白草）则涉及独特文化价值的背景知识，俄语名称 Всем травам мать（最适合妈妈的草药）是对相关属性特征的评价。

认知语言学的发展倾向也具有明显的跨学科发展特征，如代表发展倾向的激进具身生态语言学（Radical Embodied Ecolinguistics，第 42 章）。Steffensen 和 Cowley 指出，生态语言学发展于 20 世纪 70 年代，是为了回应乔姆斯基学派把语言看作生成句子的专用心理—计算系统，旨在从语言与社会、心理、自然环境的互动关系上理解语篇。激进具身生态语言学反对结构主义和后结构主义的语言观，所依据的观点可追溯到 William James，以及 Chemero 声称的美国自然主义，认为体验来自有机体与世界的直接活动。它由激进具身观与生态语言学整合而来。激进具身观认为，人类世界蕴藏着丰富潜能，这些潜能来自观察者如何探寻语言感知方式。因此，该观点不需要心理内容（mental content），不需要编码"客观"实体的心理状态：大脑既不处理形式，也不处理内容。它认为语言与生命、认知一样，是处于时空中的多标量活动，聚焦语言协调活动或语言行为（languaging）。语言行为强调语言是具有高度注意力和行动力的活动，它的本质在于共生性（symbiotic），语言行为与一个社会分布网络共同进化，这个网络不是依赖于储存语言事实的大脑，而是依赖于协调、观察和执行行动，当语言模式被编织到整个身体活动中时，共生活动就产生了。激进具身生态语言学不关注语言表征、内容或语言形式，而聚焦古人类能力如何与群体、行为、感知共同进化，以及语言行为的进化，基于社会活动把小规模行为、扩展的生态和生物—生态转变联系起来。

5. 简评

《手册》全面介绍了认知语言学相关研究，涵盖认知语言学的关键领域，突出了学科发展的交叉性，并对新的研究方向进行了展望。纵观认知语言学近10年的研究，融合性、综合性研究不断成为研究者关注的话题，《手册》对其进行了系统呈现，既有学科内部的理论模型整合，也有学科之间的交叉融合，还有研究方法和视角的多元汇聚。从未来发展方向来看，交叉学科的扩展，学科之间的交互作用、整合发展，依然是认知语言学发展的重要倾向，也是学科实现创新性、持续性发展的必然要求。例如，第31章在描写认知语言学与翻译的发展方向时指出，由于翻译在本质上是语言的、双语的、跨文化的、依赖语境的和认知的，翻译认知研究不仅需要认知语言学的启发，还需要更多学科领域的理论和方法，认知语言学需要与心理语言学、双语学、神经语言学、认知诗学、认知人类学等学科相结合，为翻译认知模型提供理论基础。

认知语言学经历了社会转向和量化转向，同时，探寻整合、寻求综合性统一发展也是许多认知语言学家呼吁的发展走向。能否整合成一个统一理论仍是一个争议性话题，但努力和尝试一直在进行。Croft（2016）指出，认知语言学应当（自我）整合为一个更大的综合性语言理论，演化框架或许是综合语言理论的最佳候选，它可以涵盖各个维度。Langacker（2016b）指出，认知语言学框架与其他研究是相兼容的，它们合并的指导原则是将看似不相干的领域统一起来，实现全面的综合研究这一最终目标，在早期研究中侧重把词汇、形态和语法作为有意义的符号结构进行统一解释，其后几年里，研究重点转移到结构、加工和语篇整合上。

交叉研究是趋势，交叉必然意味着存在整合性，关于整合的相关问题还有待进一步探讨。目前，关于学科能否整合，如何整合，理论、学科之间整合的融洽性、合理性探讨得比较少，如何在多种学科整合中保持学科的独特特征也是研究者需要进一步思考的问题。此外，使用混合方法，特别是利用现代技术进行数据记录和分析，一方面带来了巨大的优势，另一方面也带来了挑战，因为不同方法背后存在不同的假设，这些假设能否汇聚整合也有待进一步研究。

总体来看，《手册》以统一的构架系统完整地概述了认知语言学的研究发展，以开放的视野囊括了多类学科的交叉研究，以前瞻的视野分析了新的研究及方向，为认知语言学研究者及其他相关跨学科研究者提供了重要的指导和引领，读者可以从中获取总体研究概貌和今后研究走向，每章后面列出的关联话题和扩展阅读也为进一步思考研究提供了参考和指引。

参考文献

Brône, G. 2017. Cognitive linguistics and humor research [A]. In S. Attardo (ed.). *The Routledge Handbook of Language and Humor* [C]. Oxon: Routledge. 250-266.
Croft, W. 2016. Typology and the future of cognitive linguistics [J]. *Cognitive Linguistics* 27: 587-602.
Dynel, M. 2018. Taking cognisance of cognitive linguistic research on humour [J]. *Review of Cognitive Linguistics* 16: 1-18.
Geeraerts, D. 2010. Recontextualizing grammar: Underlying trends in thirty years of Cognitive Linguistics [A]. In E. Tabakowska, M. Choiński & Ł. Wiraszka (eds.). *Cognitive Linguistics in Action: From Theory to Application and Back* [C]. Berlin: De Gruyter Mouton. 71-102.
Geeraerts, D. & H. Cuyckens (eds.). 2007. *The Oxford Handbook of Cognitive Linguistics* [C]. Oxford: Oxford University Press.
Höder, S. 2014. Phonological elements and diasystematic construction grammar [J]. *Constructions and Frames* 6: 202-231.
Langacker, R. W. 2011. Convergence in cognitive linguistics [A]. In M. Brdar, S. T. Gries & M. Ž. Fuchs (eds.). *Cognitive Linguistics: Convergence and Expansion* [C]. Amsterdam: John Benjamins. 9-16.
Langacker, R. W. 2016a. Toward an integrated view of structure, processing, and discourse [A]. In G. Drożdż (ed.). *Studies in Lexicogrammar: Theory and Applications* [C]. Amsterdam: John Benjamins. 23-53.
Langacker, R. W. 2016b. Working toward a synthesis [J]. *Cognitive Linguistics* 27: 465-477.

作者简介
梁如娥,博士,郑州航空工业管理学院讲师。主要研究领域:认知语言学、认知翻译学。
电子邮箱: lrezzz@126.com

English Abstracts

Spatial relation construction of abstract motion in English and Chinese: A cognitive-contrastive approach (p. 1)
ZHANG Keding (Henan University, Kaifeng 475001, China)

Abstract: Motion event refers to the movement process in which the mover moves from the source to the goal along the path with reference to the referent entity in the spatiotemporal framework. The motion event in which an abstract entity functions as the mover is an abstract motion event (AME). AME is motivated by the concreteness & movability mechanism of abstract entity, which displays such obvious properties as unidirectionality, partiality and implicitness. The linguistic expressions employed to encode AME can be referred to as the spatial relation construction of abstract motion. Such a construction in both English and Chinese must consist of three obligatory elements, i.e., agent, predicate and location, none of which can be omitted. This may be regarded as the similarity between English and Chinese. However, English and Chinese encode the path of AME in different ways, which leads to different encodings of predicate and location in the two languages. This may be seen as the difference between English and Chinese.

Keywords: spatial relation construction of abstract motion; abstract motion event; cognitive mechanism; constraints; cognitive-contrastive

Semantic expression of possession and topic-possession construction in Chinese (p. 18)
CHENG Jun (Southwest University, Chongqing 400715, China)

Abstract: "Possession" is a concept that describes the relationship between two conceptual entities, expressing the meaning of "having" and/or "belonging". This concept is supposed to be one of the "linguistic universals" that are attested in almost every language. This paper analyzes the semantic expression of the "possession" concept from the perspective of typology, and makes a more comprehensive and systematic semantic description of the possessive relationship in human languages. We argue that a semantic characterization of the concept of possession generally relies on the opposition of the following subcategory semantic features: alienability and inalienability, animacy and inanimacy, temporariness and permanence, concreteness and abstraction. However, Chinese is typologically characteristic of expressing the dynamics of possession rather than the above-mentioned semantic expressions by its topic-possession construction, a construction conveys the meaning of "obtain" or "lost" of possession. This study suggests that linguistic forms and typological features of a particular language are inevitably restricted by cultural, social, and cognitive elements.

Keywords: possession; dynamic possession; topic; typology

A cognitive study on "Put" verbs in Chinese Sign Language (p. 35)
LI Heng (Southwest University, Chongqing 400715, China)
WU Ling (Beijing Union University, Beijing 100101, China)

Abstract: This paper mainly discusses the syntactic and semantic properties of "Put" verbs in Chinese Sign Language (CSL) under the framework of event semantics. The results show that: 1) the [Ground] information is always put at the beginning of the sentence, [Figure] and [Motion]

information are always encoded in the same gesture and the [Path] information is expressed by the movement of hand; 2) the choice of "Put" verbs are restricted by the physical property of object and the intentionality of agent; 3) the number and usage of entity classifiers and handling classifiers are related to cognitive economy principle. The lexicalization pattern of entity classifiers is [Motion+Figure+Path] and the handling classifiers are [Motion+Figure+Co-event]. This paper also discusses the research result can contribute to the deaf people's Chinese learning and hearing people's CSL learning.

Keywords: "Put" verbs; reference-point; entity classifier; handling classifier; cognitive economy

Studies on the shifting of Chinese numeral-classifier phrases: Retrospect and prospect (p. 45)

XING Xiaoyu (Inner Mongolian University, Huhhot 010021, China)

Abstract: The shifting of Chinese numeral-classifier phrases is a unique language phenomenon. Controversies still remain in the semantic features, morphosyntactic representations and their motivations concerning this phenomenon. This paper categorizes the previous studies into three viewpoints, namely, dislocation, analogy and selection, and then presents in prospect the promising developments from three aspects: the whole coverage of research objects, the localization of Cognitive Grounding Theory and typological vision.

Keywords: Chinese nouns; shifting of numeral-classifier phrases; function categories; retrospect and prospect; Cognitive Grounding

A pragmatic study of "self-centeredness" in Western culture: Based on the survey of first-person pronouns in English (p. 54)

LIU Guohui (Shanghai Maritime University, Shanghai 201306, China)

Abstract: "Selfness" is usually regarded as one of the typical and prominent representations of Western culture. For which you may find many representation methods concerned, they might be internal or external. In terms of explicit language representations, the first-person pronouns are the case in point. The previous studies in this area are virtually qualitative, hard to know its specific manifestations. To this end, this paper conducts a pragmatic survey of the first-person pronouns via the large-scaled English corpora. The results are shown that regardless of the morphological representations (such as subject-object, possessive, reflexive, and nominal), the singular "selfness" is always the most prominent with the nominative form as the leading. The underlying rationale of all above may lie in the capitalized "I", self-culture, self-psychology and self-awareness orientation of Western culture.

Keywords: English corpora; Western culture; self-centeredness; first-person pronouns; pragmatic study

An empirical study of the influence of English collocation type on high school students' reading proficiency (p. 67)

BAO Zhen (Shanghai Jiao Tong University, Shanghai 200240, China)

Abstract: This empirical study investigates the influence of English collocation type (V-N and A-N collocations) on high school students' reading proficiency with collocation type being independent variable, and reading proficiency being dependent variable. V-N and A-N collocation test results and reading test results were collected, and 89 students of grade 2 in senior high school from Shanghai participated in the study. Through SPSS data analysis, it was revealed that both V-N and A-N collocation test results were positively correlated with reading proficiency; there were significantly different reading proficiency between high-level, mid-level groups and low-level group, while the reading proficiency difference between high-level group and mid-level group was not significant; both V-N and A-N collocations could predict the variance of students' reading proficiency. In short, collocation type has significant influence on reading proficiency.

Keywords: collocation type; reading proficiency; empirical study

Cognitive processing models of translation: Parallel or serial? (p. 79)
LIN Xiaomin & XIANG Xia (Ningbo University, Ningbo 315201, China)

Abstract: A central yet disputable question in cognitive translation studies has been whether translation is a parallel or a serial process. The parallel approach holds that the source text and the target text processing occur simultaneously, while the serial approach states that the source text content is decoded and deverbalized before being reformulated as the target text. From the observations of recent empirical studies, a third hybrid approach has been raised suggesting the co-existence of parallel and serial processing. This paper reviews the theoretical models of translation process based on these three approaches, probes into their working mechanisms, and discusses their inspiration from and application into empirical studies. In the end, three suggestions are put forward for the future development in this area: 1) to construct dynamic models which examine the whole process of translation; 2) to further develop empirical studies as the base and the evidence of theoretical models by involving newer methodologies and a wider range of language pairs and subjects; 3) to make potential breakthroughs in model building by interweaving with neighboring disciplines.

Keywords: translation processing; parallel/serial approach; hybrid approach; theoretical models; empirical studies

The embodied cognitivity of Chinese medicine names and their English translation principles (p. 96)
YIN Bochun (Changsha University, Changsha 410205, China)

Abstract: Chinese medicine names, as the symbol representation of Chinese medicine, are the mental entrance for the outside world to grasp the excellent traditional culture of the Chinese nation and the Chinese people's experience. The embodiment is reflected in the names containing the experience system and knowledge structure of the nomenclator, and the cognitivity is embodied in the naming process being a subjective cognitive processing process. In the process of English translation of Chinese medicine names, efforts should be made to achieve the organic unity of economy and pellucidity of the translated version, to ensure that the translated version fully reflects the thinking and wisdom in Chinese customs, and to ensure that the translated version contains significant Chinese characteristics and rich excellent traditional culture of the Chinese nation.

Keywords: Chinese medicine name; embodiment; cognitivity; English translation

Proximization construal in speech translation: A case study of Chinese Foreign Minister's speech at the 56th Munich Security Conference (p. 104)
CAO Jianmin (North University of China, Taiyuan 030051, China)

Abstract: Based on the Proximization Theory of critical cognitive linguistics, an analysis of discourse strategies as well as construal operations of its translation on discourses of the speech delivered by Chinese Foreign Minister at the 56th Munich Security Conference has been conducted from spatial, temporal and axiological axes. This research combined corpus study and qualitative research method. This research found that proxizimition discourse strategies were applied much more frequently in the target text rather than the source text, but there was a convergence in distribution of three construal axes in the source and target texts respectively. In the translating process, the proximization effect was somewhat missing in translation texts, it was largely retained or strengthened through various translation techniques such as literal translation, addition, free translation, and division, which succeeded in convincing the audience and provided meaningful ways for China to establish an image of actively devoting itself to fighting against virus and pursuing peace, cooperation and development.

Keywords: Proximization Theory; speech discourse; translation techniques; construal operation

A comparative study of the ballad "Song of Throwing Clods" and its English versions from the perspective of experiential metafunction (p. 116)
CHENG Huaming (Guangzhou College of Commerce, Guangzhou 511363, China)

Abstract: This paper attempts to analyze and compare transitivity processes of "Song of Throwing Clods" and its six English versions from the perspective of experiential metafunction of Halliday's systemic-functional linguistics and makes a comment on the similarities and differences between them. Through the analysis of the transitivity of the poem and its translations, we find that there are 6 versions for the first, second, third lines, 5 versions for the fourth line, and 3 versions for the fifth line, in which the transitivity maintains a high consistency with the original poem. This study can give clues to the study of poems and their translations of the transitivity processes, by exploring the differences of participants and circumstantial elements with the theoretical framework of functional grammar.

Keywords: experiential metafunction; transitivity; "Song of Throwing Clods"; English versions

Intersection and integration in the development of cognitive linguistics: A review of *The Routledge Handbook of Cognitive Linguistics* (p. 124)
LIANG Ru'e (Zhengzhou University of Aeronautics, Zhengzhou 450046, China)

Abstract: Serving as an ideal guide and a must-read, *The Routledge Handbook of Cognitive Linguistics* systematically provides an introduction and new directions to cognitive linguistics researches. This handbook exhibits prominent characteristics of intersection and integration in the cognitive linguistics. In theory, a variety of cognitive semantic models are integrated and developed; cognitive grammar has turned its attention to offering a unified account of structure, processing, and discourse; constructional grammar is converged and expanded with other disciplines. In terms of research methods, multiple research perspectives and research methods are adopted to collect evidence for unified analysis and interpretation. The interdisciplinary and multidisciplinary studies are also the central concern in the research contents and the future development of cognitive linguistics.

Keywords: *The Routledge Handbook of Cognitive Linguistics*; intersection and integration; the development of cognitive linguistics

征稿启事

《语言、翻译与认知》是一本聚焦语言、认知、翻译及相关研究的学术集刊（半年刊），由中国英汉语比较研究会认知翻译学专业委员会主办，西南大学外国语学院和重庆市重点文科基地"外国语言学与外语教育研究中心"承办，外语教学与研究出版社出版。本刊的宗旨是促进理论创新和学术交流，构建中国学术话语体系，弘扬和传播中国文化。

《语言、翻译与认知》主要刊载认知语言学、认知翻译学、语言认知对比、文化认知、语言与翻译的跨学科研究等原创性研究成果，特别欢迎具有理论或方法创新、数据扎实、富有深度和独特见解的理论或实证研究成果。本刊拟设（但不限于）以下栏目：语言认知研究、翻译认知研究、语言认知研究方法、翻译认知研究方法、文化与认知、语言教学研究、翻译教学研究以及海外学者专稿、青年学者论坛等，也接受学术争鸣与商榷、名家访谈、书刊评介等文章。

审稿方式

本刊采用同行匿名评审。审稿周期为三个月，三个月后未收到编辑部消息，请自行处理稿件。

稿件要求

稿件一般不限长度，原则上不少于 8,000 字，最长不超过 20,000 字。访谈及书评不受字数限制，以内容完整性为准。来稿要求为原创和首发成果，请勿一稿多投。作者应确保作品著作权的合法性，作品内容不得侵犯他人合法权益。

稿件请附中英文标题、提要及关键词，正文内请勿出现作者姓名和单位，稿件前单独一页写明作者姓名、工作单位、通信地址、邮编、电话、电子邮箱、职称及研究方向。

稿件以 Word 格式排版，具体格式要求参见附件"《语言、翻译与认知》稿件格式规范"。

投稿方式

1. 请将电子稿件以附件形式发送至邮箱 lancogtrans@163.com。邮件主题注明"《语言、翻译与认知》投稿",邮件内容写明文章标题及作者联系方式。

2. 在线投稿:https://ysrz.cbpt.cnki.net/WKC/WebPublication/index.aspx?mid=YSRZ

联系方式

通信地址:重庆市北碚区天生路 2 号 西南大学外国语学院《语言、翻译与认知》编辑部

邮编:400715

电子邮箱:lancogtrans@163.com

附:《语言、翻译与认知》稿件格式规范

《语言、翻译与认知》稿件格式规范

一、稿件构成

1. 作者姓名、工作单位、通信地址、邮编、电话、电子邮箱、职称及研究方向(单独一页)

2. 中文标题、提要(200—300 字)、关键词(3—5 个)

3. 英文标题、提要(150—200 词)、关键词(3—5 个)

4. 论文正文(与上述内容分页)

5. 参考文献

二、正文格式

1. 中文标题用四号字宋体,英文标题用 14 磅 Times New Roman 字体。中文提要和关键词用五号字宋体、1.5 倍行距,英文提要和关键词用五号字 Times New Roman 字体、1.5 倍行距。

2. 小标题一般单独占行,左对齐,用小四号字宋体,前后空 1 行。层次编码依次使用 1、2、3……(一级标题);2.1、2.2、2.3……(二级标题);2.1.1、2.1.2、2.1.3……(三级标题)的格式。

3. 正文用五号字,中文用宋体,英文用 Times New Roman 字体。段首缩进 2 字符,1.5 倍行距。

三、文献引注

1. 文献引用采用夹注格式,一般不用脚注。夹注格式为:(Fillmore 1990;Baker

1992：121-125）、(Lakoff 1989，2008)、(Brown *et al.* 1991：252)、(罗选民 2008：92)。

  2. 如有特别需要补充说明的信息，在文中用上标数字编号（1、2、3……），在正文之后写明"附注"或"注释"字样，然后依次写出对应数字 1、2、3……和注文。

  3. 中外文参考文献分开，外文文献在前，中文文献在后，按照作者姓名字母或拼音顺序排列。文献格式参照以下范例。同一作者的文献按照时间先后排列。参考文献首行左对齐、悬挂缩进 2 字符，如：

Adams, C. A. & A. Dickinson. 1981. Actions and habits: Variation in associative representation during instrumental learning [A]. In N. E. Spear & R. R. Miller (eds.). *Information Processing in Animals: Memory Mechanisms* [C]. Hillsdale: Erlbaum. 143-186.

Claes, J. & L. A. O. López. 2011. Restriccionespragmáticas y socialesen la xpresióndefuturidaden el español de Puerto Rico [Pragmatic and social restrictions in the expression of the future in Puerto Rican Spanish] [J]. *Spanish in Context* 8: 50-72.

Görlach, M. 2003. *English Words Abroad* [M]. Amsterdam: John Benjamins.

Hamawand, Z. 2018. The status of punctuation marks in Cognitive Grammar [J]. *Cognitive Linguistic Studies* 5: 189-207.

Rayson, P., G. N. Leech & M. Hodges. 1997. Social differentiation in the use of English vocabulary: Some analyses of the conversational component of the British National Corpus [J]. *International Journal of Corpus Linguistics* 2: 120-132.

Spear, N. E. & R. R. Miller (eds.). 1981. *Information Processing in Animals: Memory Mechanisms* [C]. Hillsdale: Lawrence Erlbaum.

Goldberg, A. E. 1995/2007.《构式：论元结构的构式语法研究》(*Constructions: A Construction Grammar Approach to Argument Structure*)[M]，吴海波译。北京：北京大学出版社。

吕叔湘，1982，《中国文法要略》[M]。北京：商务印书馆。

沈家煊，1993，句法的象似性问题 [J]，《外语教学与研究》（1）：2-8。

王明树，2010，"主观化对等"对原语文本理解和翻译的制约 [D]。博士学位论文。重庆：西南大学。

杨自俭、刘学云（编），2003，《翻译新论：1983—1992》[C]。武汉：湖北教育出版社。

赵毅衡，2007，中国诗与自由诗 [A]。载于海岸（编），《中国诗歌翻译百年论集》[C]。上海：上海外语教育出版社。579-592。

四、例句

  例句较多时，宜按顺序用（1）（2）（3）……将其编号。每例另起一行，首行空两格，回行时与上一行例句文字对齐。外文例句可根据情况在括弧内给出中译文。译例根据需要标注原文与译文。